防灾减灾／灾后重建与扶贫开发社会系统研究丛书

丛书主编 王国良

非政府组织与灾后重建

陆汉文 沈洋 何良 岳要鹏 著

本书是中国国际扶贫中心"地震灾区农村社会系统重建研究"、"教育部哲学社会科学发展报告建设（培育）《中国反贫困发展报告》"研究成果。本书得到教育部人文社会科学研究规划基金项目"组织化与汶川地震灾区贫困村恢复重建"（09YJA840010）和中央高校科研基本业务费资助项目"地震灾区农村生态、社会与文化综合重建研究"（CCNU09B02004）的资助。

华中师范大学出版社

新出图证（鄂）字 10 号

图书在版编目（CIP）数据

非政府组织与灾后重建/陆汉文　沈洋　何良　岳要鹏著.
—武汉：华中师范大学出版社，2011.11
（灾后社会系统重建研究）
ISBN 978-7-5622-5270-2

Ⅰ.①非… Ⅱ.①陆… Ⅲ.①地震灾害-灾区-重建-研究-四川省 ②社会救济-组织机构-研究-香港 Ⅳ.①D632

中国版本图书馆 CIP 数据核字（2011）第 238302 号

非政府组织与灾后重建
陆汉文　沈洋　何良　岳要鹏　著ⓒ

责任编辑：苏　睿	责任校对：易　雯
装帧设计：甘　英	封面制作：胡　灿
编辑室：文字编辑室	电话：027—67867369

出版发行：华中师范大学出版社
社址：湖北省武汉市珞喻路 152 号　　邮编：430079
电话：027—67863040（发行部）　027—67861321（邮购）
传真：027—67863291
网址：http://www.ccnupress.com　　电子信箱：hscbs@public.wh.hb.cn
印刷：武汉中远印务有限公司　　督印：章光琼
字数：183 千字
开本：710 mm×1000 mm　1/16　　印张：11
版次：2011 年 11 月第 1 版　　印次：2011 年 11 月第 1 次印刷
定价：29.00 元

欢迎上网查询、购书

敬告读者：欢迎举报盗版，请打举报电话 027—67861321

防灾减灾/灾后重建与扶贫开发研究丛书编委会

主　编　王国良
主　任　范小建
副主任　王国良　郑文凯
编　委　（按姓氏笔画）
　　　　王国良　司树杰　李春光　范小建　郑文凯
　　　　洪天云　海　波　夏更生　蒋晓华

灾后社会系统重建研究系列

执行主编　黄承伟　向德平

目 录

导　言 1
 一、研究的问题 1
 二、研究综述 3
 三、研究思路和方法 6

第一章　乐施会：灾害管理与对抗贫穷 9
 第一节　乐施会的性质与活动 9
 第二节　乐施会与灾害管理 12
 第三节　乐施会与汶川地震紧急救援及灾后重建 20

第二章　汶川地震灾区贫困村重建 26
 第一节　自然灾害与贫困的关系 26
 第二节　贫困村灾后重建策略与组织实施体系 29
 第三节　贫困村灾后重建中的国际合作 37
 第四节　乐施会与扶贫部门合作推进贫困村灾后重建 40

第三章　项目村的选择 49
 第一节　项目村遴选范围和条件 49
 第二节　备选村的选择 51
 第三节　项目村的初步筛选 52
 第四节　实地访点 54
 第五节　项目村的确定 56

第四章　村重建项目的准备和规划 57
 第一节　培训 57
 第二节　参与式规划 68
 第三节　编制项目建议书 76

第五章　村重建项目的实施过程 80
 第一节　项目启动 80
 第二节　项目的具体实施和监管 96
 第三节　项目验收和后期维护 117

结　语 119

一、NGO 参与灾后重建的基本特点 …………… 119
　　二、NGO 参与灾后重建的优势与意义 ………… 121
　　三、NGO 参与灾后重建面临的困难 …………… 123
　　四、未来展望 …………………………………… 124
附录：《乐施会项目建议书》实例 ………………… 127
主要参考文献 ……………………………………… 167
后　记 ……………………………………………… 171

导　言

一、研究的问题

2008年5月12日，汶川发生特大地震，造成巨大生命、财产损失，灾区群众生活、生产顿时陷于无序状态。灾难发生后，中央政府迅速成立抗震救灾总指挥部，展开大规模的救灾行动。各级部门快速反应，协调配合，大量人力、物资源源不断调往灾区，搜救和安置工作有序推进。与政府的快速反应相呼应，许多非政府组织(NGO)也以空前高涨的热情积极投身到抗震救灾中。NGO以其高效迅速、机动灵活、专业性、基层化等优势深入灾区，参与救灾，得到中国政府和社会公众的高度肯定和赞扬。

紧急救援工作基本结束后，为有效规范、协调灾区重建工作，国家相继出台有针对性的法律法规。《汶川地震灾后恢复重建条例》、《国务院关于做好汶川地震灾后恢复重建工作的指导意见》、《国家汶川地震灾后恢复重建总体规划》、《汶川地震贫困村灾后恢复重建总体规划》等相关文件明确指出，灾后重建要多途并举，要广泛动员和组织社会力量积极参与，要采取多种形式，加快恢复重建进程。这为NGO积极深入参与地震灾区恢复重建提供了制度环境和行动空间。

如果说国家政策支持为NGO参与包括规划区贫困村在内的整个灾区恢复重建工作提供了制度环境的话，那么扶持对象的需求和特征、扶持主体的历史使命则为NGO重点参与贫困村恢复重建提供了拉力和推力。从扶持对象看，自然环境恶劣、居民房屋及其他建筑抗震级别低、基础设施和公共服务设施薄弱、群众防灾和自救意识缺乏等导致贫困地区脆弱性强，贫困农户灾后生活、生产恢复尤其困难[①]，灾难发生后这一类型地区的需求呈现多元特征。同时，受体制机制、区域环境条件等因素制约，灾区贫困村能够得到的外界扶持资源相对较少[②]，更需要NGO的参

[①] 地震发生以后，贫困村田地被毁，次生灾害频发，生态环境陷入更为恶劣的地步。另外，很多农房重建户负债程度深，生计发展渠道受到制约。

[②] 截止到2010年2月底，根据四川省扶贫办外资项目管理中心收集的四川灾区贫困村资金规划与落实监测表反映，每村平均规划投入资金为122.24万元，实际到位资金62.60万元(均不包含农房重建与维修资金和群众投劳折资)。

与和帮助。从扶持主体看,NGO作为公共治理的重要力量,其公益性目标以及在中国特殊社会环境下的"拾遗补缺"性功能定位,使得参与贫困村恢复重建成为NGO深刻体现其宗旨和目标的有效途径。

国家相关政策的支持引导、NGO的属性和目标定位、灾区贫困村特别迫切的实际需要,共同造就了NGO积极深入参与贫困村重建的时势。反过来,NGO参与贫困村灾后重建,有助于完善重建内容,创新重建机制,加快重建进程;有助于灾后重建与扶贫开发相结合机制和模式的探索与创新。本书是关于乐施会(香港)(以下简称"乐施会")参与汶川地震灾区贫困村重建的一项个案研究。书中全面阐述了乐施会通过与扶贫部门合作组织实施贫困村重建项目的过程,细致描绘了其工作策略和手法,揭示了NGO参与灾后重建和农村发展工作的特点、意义和面临的挑战。

乐施会是一个独立的发展与人道救援机构。它通过与政府部门、社会各界及穷人合作,努力解决贫穷与发展问题。该组织工作内容主要包含农村可持续生计、灾害与环境管理、农村卫生等。利益群众的参与性、社会性别平等及弱势群体的发展是乐施会特别关注的几个方面[①]。汶川地震发生当天,乐施会就做出了紧急响应。第二天,乐施会召开紧急救援组联合决策会议,决定拨款用于灾区的紧急救援和重建工作,并立即启动了灾情评估和需求评估[②]。紧急救援结束后,乐施会与国务院扶贫办合作,在四川、甘肃、陕西三省分两批开展贫困村灾后重建工作(每批40个村,每村平均援助100万元)[③]。从乐施会的角度来看,其支持贫困村灾后重建的项目,在工作策略上注重与政府的相互配合与支持,在工作内容上侧重于社区层面的小型基础设施建设以及在此基础上的能力提升。乐

---

① 具体参见 http://chinainfo.oxfam.org.hk/。
② 乐施会成都办:《乐施会5·12地震紧急救援及重建项目概述》,2009年11月。
③ 在合作框架中,项目村被称为试点村。这是因为国务院扶贫办将该合作项目涉及的80个村视为推进国家重建规划区内4 834个贫困村全面恢复重建的先导村和示范村,希望项目村(试点村)能够深入搞好恢复重建工作,积极探索和创造经验。在本研究中,"试点村"全部称为"项目村",以便于抽离上述具体语境后的理解。另外,在与乐施会分两批合作开展80个村的灾后恢复重建以前,国务院扶贫办与联合国开发计划署(UNDP)合作开展了19个村的恢复重建。这样,在扶贫部门的文件中,就先后有三批恢复重建试点村,与联合国开发计划署的合作被称为第一批试点,与乐施会的合作被称为第二、三批试点。从乐施会的角度看,其与扶贫部门的合作分两批推进,可分别称为第一批试点和第二批试点。本研究中第一批项目村指扶贫部门与乐施会合作的第一批试点,第二批项目村则指扶贫部门与乐施会合作的第二批试点。但须注意的是,扶贫部门相关文件仍保留原意,即扶贫部门文件中的第二、三批试点仍分别指与乐施会先后分两批合作推进的80个项目村。

施会是一个具有典型性的国际非政府组织(INGO),长期致力于救灾、减灾以及扶贫工作,积累了较丰富的工作经验。因此,本研究可视为关于NGO参与灾后重建的典型个案研究。

二、研究综述

目前学界关于NGO参与灾害应对的研究主要聚焦于日本阪神地震、美国卡特里娜飓风、印度洋海啸、中国台湾"9·21"地震和四川省"5·12"汶川地震等重大自然灾害。

一般而言,灾害应对分为应急救援、过渡安置、灾后重建三个阶段。在这三个阶段中,不同类型的NGO根据灾情状况、组织宗旨和目标以及所拥有的资源状况的不同,所采取的行动和发挥的作用也有所不同。沈黎和刘斌志在关于中国台湾"9·21"地震的研究中将NGO分为三类:(1)灾后重建协力团体:指专门成立的灾后重建团体;(2)宗教团体:为当地民众提供长期服务;(3)社会福利团体:主要关注对弱势群体的重建照顾[①]。这些NGO大多在应急救援阶段提供了紧急医疗救助、食物、安全的避难场所等服务,在过渡安置阶段提供了水、食物等生活必需品和板房建设、物资分配等服务,在灾后重建阶段为灾区提供社区房屋重建、社会关系重建等相关服务,但不同类型NGO各阶段的关注焦点有所不同。周瑜专门分析了具有宗教背景的佛教慈济慈善事业基金会在中国台湾"9·21"地震救灾和灾后重建中的作用,即不但为灾区提供紧急救灾、医疗、物资、住房、校舍等方面的硬性援助,尤其关注为灾民提供心灵抚慰,制定了"安心计划":深入灾区逐户关怀(具体包括经济评估、大爱村关怀、心灵辅导、祈福晚会、岁末祝福、"9·21"周年纪念晚会以及"9·21"三周年纪念晚会)和提供校园关怀(具体有课业辅导和心灵抚慰等)[②]。余梅对主流NGO在卡特里娜飓风后的应急响应概况进行了分析,认为在政府应对卡特里娜飓风失灵的情况下,NGO发挥了很大作用,如美国红十字会、救世军、天主教慈善会、联合会等民间组织都在救援中做了大量工作。余梅的研究还提及了卡特里娜飓风后NGO和志愿人员参与救援的专业性和专门性行动,如GIS志愿者为飓风救援的信息协助、国际救助儿童会联盟的行动、哈佛法学院的维权活动等[③]。马国栋概述了环境NGO

[①] 沈黎,刘斌志:《台湾9·21灾后重建的经验与启示》,载《社会福利》,2008年,第8期。
[②] 张强等:《巨灾与NGO——全球视野下的挑战与应对》,北京大学出版社,2009年,第148~153页。
[③] 张强等:《巨灾与NGO——全球视野下的挑战与应对》,北京大学出版社,2009年,第82~93页。

在汶川地震抗震救灾和灾后重建中的一系列活动,如解决水源问题,建立生态厕所、生态民居和生态产业,保护野生动物,地震灾区绿色教育等①。可见,不同类型NGO在灾害应对发挥着体现自身特点、优势和愿景的作用,将机构目标和灾害应对工作有机结合在一起。

关于NGO在灾害应对中所发挥的具体作用,林文亿在描述各类NGO参与印度洋海啸的应急救援、过渡安置和灾后重建状况基础上指出,这些NGO通过提供资金、直接服务和政策建议等工作模式,有效帮助受灾群体解决了一些实际困难②。郭巍青根据新闻报道、网络(论坛和个人博客等)材料和对民间组织人士的访谈对参与汶川地震救援的NGO功能进行了分析,认为NGO在灾难应急救援过程中主要发挥了信息提供、快速反应和疏通瓶颈这三方面的作用,指出NGO的志愿精神、专业精神和合作精神等为公民社会的发育提供了重要条件③。

NGO参与灾害具有哪些优势呢?在关于阪神地震的研究中,邱月波提出NGO具有行动速度快、工作细致灵活、能有效募集资金和吸引灾民参与救灾等优势④。通过对中国台湾"9·21"震灾应对过程的分析,张霞认为NGO参与灾害应对不但具有社会动员和组织能力强、方式多样化的优势,而且在处理具体问题的过程中能避免政府多层化组织结构带来的行动效率低、公文程序复杂等问题⑤。在关于印度洋海啸的研究中,林文亿认为NGO的优势在于其服务的专业性、工作模式的灵活性、救助的及时性、身份的中立性等⑥。除揭示NGO参与灾害应对的优势外,一些研究也指出了NGO存在的劣势和障碍因素。邱月波认为,NGO参与灾害应对存在项目过于集中、资源过剩现象等问题⑦。这主要是由于各

---

① 马国栋:《汶川地震后的NGO行为》,载《非盈利组织研究》,2009年,第5期。
② 张强等:《巨灾与NGO——全球视野下的挑战与应对》,北京大学出版社,2009年,第121~136页。
③ 郭巍青:《NGO的三重功能——以地震救援经验为基础的分析》,载《探索与争鸣》,2008年,第7期。
④ 张强等:《巨灾与NGO——全球视野下的挑战与应对》,北京大学出版社,2009年,第58~65页。
⑤ 张霞:《台湾地区地震灾后重建经验借鉴》,载《现代人才》,2008年,第4期。
⑥ 张强等:《巨灾与NGO——全球视野下的挑战与应对》,北京大学出版社,2009年,第137~139页。
⑦ 张强等:《巨灾与NGO——全球视野下的挑战与应对》,北京大学出版社,2009年,第59页。

种NGO在灾害应对过程中缺乏有效机制来协调行动和配置资源。一些NGO进入灾区后还遇到资源协调困难、与当地NGO协调合作滞后、对当地社会环境缺乏评估等问题。郭岚关于汶川地震的研究认为,灾后重建需要借助社会力量弥补政府功能的不足和政策失灵,灾后重建是促进公民社会成长的良好契机,但NGO也遭遇制度、资源等多方面障碍。此外,NGO领域的行业文化还不够成熟,一些NGO的同情心、公益心以及责任感仍然缺乏,甚至存在腐败现象,与政府之间的关系仍然不稳定,这些均限制了公民社会的正常发育以及公民支持NGO参与灾后重建的积极性[1]。

就如何进一步发挥NGO在灾害应对中的作用,一些学者提出要完善NGO参与灾害应对的政治生态环境,如道格拉斯·B·赞鲁认为美国卡特琳娜飓风对美国救灾体制带来的启示包括:建立一个为慈善机构授权的法律框架使其有效投入救灾行动;提高慈善募捐的责任心和透明度;重视慈善组织在直接应对灾难时的补充性作用,简化、加快慈善组织的程序;协调NGO之间的合作关系;对NGO救灾资金实施监控;深化建设性的志愿服务渠道等[2]。另一些学者则提出要推进NGO与政府的合作,搞好NGO的公共关系。张亮认为,在卡特里娜飓风应急响应过程中,参与应急救援的NGO数量和种类很多,但由于美国联邦政府没有将它们整合到整个应急响应行动计划中,NGO的作用并没有得到有效发挥。他指出,政府在制定响应计划、提供救灾资源以及向其成员提供应急资格证明时应该将NGO纳入视野,作为重要的合作伙伴。徐莹以澳大利亚国际NGO在印度洋海啸中的救援行动为案例,分析了国际NGO参与全球治理的合作路径,认为澳大利亚国际NGO在印度洋海啸中实施救援行动时,充分利用了与澳大利亚国际发展署、政府间国际组织、受灾国本土NGO等机构的合作关系[3]。涂光晋和宫贺通过对中国红十字会与中国台湾红十字会两家NGO在"5·12"汶川大地震和"8·8"中国台湾莫拉克风灾中的公共关系行为的考察,认为公共危机中NGO的公关活动是

---

[1] 郭岚:《汶川大地震灾后恢复重建社会援助的路径障碍与对策》,载《经济体制改革》,2008年,第7期。

[2] 张强等:《巨灾与NGO——全球视野下的挑战与应对》,北京大学出版社,2009年,第66~82页。

[3] 徐莹:《国际NGO参与全球治理的合作路径及其对中国的启示——以澳大利亚国际NGO在印度洋海啸中的救援行动为案例》,载《宁夏党校学报》,2008年,第4期。

其履行社会责任的一种必要行为,相关信息传播应该成为整合、动员社会资源的公共传播平台,有必要构建真正意义上的"公益传播模式"。他们还指出,在具有国际影响的重大公共危机中,NGO 的公关行为还可以成为公共外交的重要组成部分,成为国家形象传播过程中政府公关的有益补充①。

三、研究思路和方法

参与汶川地震灾后恢复重建的 NGO 形形色色,有国际 NGO(IN-GO),有具有官方背景的 NGO(GONGO),还有草根 NGO。这些机构的组织理念、工作模式、参与重建的领域不尽相同,但同作为民间力量与政府协作开展重建,这些 NGO 又具有很多的相似性,扮演着相同的角色,有一些共同的行为和活动规律。在这个意义上,本研究选择乐施会参与汶川地震灾区贫困村为个案进行研究,就不仅仅限于认识乐施会的工作方法和灾后重建项目实施过程,同时也具有解剖典型并由以一斑窥全豹的可能性。从关于 NGO 参与汶川地震灾后重建的文献资料来看,已有研究要么局限于宏观的理论构建,要么局限于简单粗略的个案概括,缺乏对 NGO 参与灾后重建过程的深入细致的分析,缺乏对具体的、可操作的经验进行全面阐述。个案研究的一个突出优势在于,通过深度聚焦,有助于更加细致生动地展现 NGO 参与重建的方法和过程。

乐施会作为一个专业从事救援与发展的国际组织,曾多次参与国际重大自然灾害的救援及灾后重建工作。汶川地震进入重建阶段以后,乐施会与国务院扶贫办正式签订合作协议,成为中国政府层面认可的从事地震灾后重建的第一个国际 NGO 合作伙伴。乐施会在四川、甘肃、陕西三省受灾地区选取一批贫困村开展重建工作,集中于小型基础设施和恢复生计等领域,分批开展了一系列工程项目②。乐施会在实施项目中注重受灾群众的参与,注重与不同的相关群体合作,注重通过规范的项目管理方式和实施流程保障项目质量和效果,体现了 NGO 与政府合作推进社区灾后重建所带来的价值。乐施会在灾区贫困村开展重建项目大体分为村庄选点、项目规划、项目实施以及监督验收等不同环节。无论哪一个环节,关键均在于具体的操作与实施过程。本研究以忠实客观地记录和

---

① 涂光晋,宫贺:《公共危机背景下 NGO 的公共关系与社会责任——以汶川地震与台湾风灾为例》,载《国际新闻界》,2009 年,第 11 期。
② 乐施会中国部:《灾区重建一周年工作报告》,2009 年 5 月。

描述这种实践过程为基本目标。与这一目标相适应,观察法是本研究使用的基本方法。研究人员中有3人在(或曾经在)国务院扶贫办贫困村灾后恢复重建工作办公室、四川省扶贫与移民工作局外资项目管理中心工作,具体组织或参与了乐施会合作项目。就此而言,本研究中所指观察法可称为参与式观察。

除了观察过程中的记录外,本研究还受惠于从访谈和机构文件中所得到的大量资料。研究人员对乐施会不同层级的管理人员和项目官员、扶贫办及其他政府部门工作人员、贫困村干部和农户进行了多种形式的访谈,收集了大量相关工作文件和原始资料。本书通过对这些资料的利用和分析,力图梳理、还原出乐施会重建项目实施的流程细节。

乐施会在中国农村灾害应对和社区发展项目方面积累了较丰富的经验。本研究翔实记录和阐述乐施会与扶贫部门合作推进灾区(主要是四川省灾区)贫困村灾后重建的实践过程,首先是为了便于政府和社会各界认识、了解这一过程,了解波澜壮阔的灾后恢复重建过程中的几朵浪花和一缕细流,了解NGO、政府和村庄互动合作、共同参与灾后重建的丰富涵义;其次是为了提供一个可资具体参考和详细评说的具体案例,进而有助于政府和NGO之间的相互了解、理解和相互合作,有助于政府和众多NGO推进汶川地震灾后重建,提高今后的灾害应对工作能力。毫无疑问,作为一个案例,不论其内容多么丰富细致,均不可能涵盖汶川地震灾后重建或其中贫困村灾后重建的方方面面,也不可能反映出NGO与政府及村庄互动关系的方方面面,将本研究过度概化和一般化的想法是危险的。

汶川地震极重灾县和重灾县共有4 834个贫困村,这些村庄的灾后重建由国务院扶贫办指导,协调四川、甘肃、陕西省扶贫部门开展。乐施会与国务院扶贫办合作选择其中80个村开展恢复重建项目。项目村灾后重建采取以农户为执行主体,社区项目管理小组具体组织实施,乐施会和县扶贫办负责监管,省、市扶贫办提供协助的运行机制。合作项目组织实施过程具体包括以下环节:(1)国家和省级扶贫部门提出项目遴选的标准,相关县(区)扶贫部门根据该标准评比筛选出备选项目村名单(按照拟实施项目村数量的150%上报备选村名单);(2)乐施会依据扶贫部门提供的备选村资料,确定实地考察的村庄名单,进而通过实地考察确定最终的项目村名单;(3)对项目村潜在项目管理人员及项目村所在县扶贫办项目负责人进行培训和能力建设;(4)组织开展参与式项目规划,确定项目实施方式、项目管理小组人员,明确管理小组职责,制定公共工程项目后续管理办法,编制项目建议书;(5)签订项目协议书,完善项目公示制度,完成第一次拨款;(6)通过竞争性评比确定工程实施单位并启动实施项目;(7)提交项目中期实施及财务进度报告,完成第二次拨款;(8)项目验收,完成第三次拨款。这些环节前后相续,环环紧扣,形成一个时间进程。本研究将在对乐施会基本情况和汶川地震灾区贫困村恢复重建工作概况进行简要介绍以后,沿着上述进程展开论述。

第一章 乐施会:灾害管理与对抗贫穷

第一节 乐施会的性质与活动

一、乐施会发展概况

本研究中所提到的乐施会是指作为国际乐施会联盟十三个成员之一的香港乐施会,这是一个1988年在香港注册成立的扶贫、发展和救援机构,也是亚洲的第一个乐施会。乐施会成立二十多年来,一直致力于消除贫困以及与贫穷有关的不公平现象,先后在全球超过70个国家和地区推行扶贫及救灾工作,开展综合发展、紧急援助、教育、卫生和水利等项目,帮助贫穷人改善生活,自力更生。目前乐施会所开展的项目领域主要涵盖以下八个方面:农村发展与灾害管理、城市生计、四川地震救援及重建、基础教育、发展教育、民间组织发展、社会性别、艾滋病防治。无论在哪个领域开展工作,香港乐施会都坚持跨越种族、性别、宗教和政治的界限,与政府部门、社会各界及贫穷人群合作,一起努力解决贫穷问题,并让贫穷人群得到尊重和关怀①。

乐施会在1987年机构还未正式注册成立的时候,就开始在中国推行扶贫发展及防灾救灾工作,主要的项目内容有:农村综合发展、增收活动、小型基本建设、卫生服务、教育、能力建设及政策倡议等。1991年至2008年,乐施会在内地28个省、市开展赈灾与扶贫发展工作,投入资金总额达到五亿元以上,受益群体主要是边远山区的贫困农民、少数民族、妇女、儿童、农民工及艾滋病感染者等②。

1992年,乐施会在昆明增设了新的项目办公室,支援中国西南部分地区或人群发展。后来又相继在北京、贵阳和兰州设立项目办公室,四个

---

① 资料来源于乐施会官方网站:http://www.oxfam.org.cn/index.php。
② 资料来源于乐施会官方网站:http://www.oxfam.org.cn/index.php。

办公室各有分工,项目活动内容和规模也随之增加。汶川地震以后,乐施会又专门设立了中国部第五个项目办公室——成都办公室,负责管理四川省地震贫困村灾后恢复重建工作①。

中国内地是乐施会的重点工作地区,相关项目主要集中在云南、贵州、广西、广东、甘肃、陕西、四川和北京等地。为了回应不断增长的发展需求和社会挑战,2004年正式成立乐施会中国部,专门管理日益扩展的中国项目。

二、乐施会的工作理念和方法

乐施会跨越种族、性别、宗教和政治的界限,与贫穷人群一起对抗贫困,让穷人拥有均等的资源和发展机会。"助人自助,对抗贫穷"是乐施会的宗旨和目标,也诠释了乐施会的基本理念。"助人自助",就是帮助有困难者自己救自己,具体到乐施会的工作方式上,表现为不光单纯地对困难者进行输血式的物质救济,更重要的是挖掘他们的潜能,帮助这些群体提升自我发展的素质能力,进而解决自己的问题,改变困难的处境。这种理念可以用一个谚语概括,"授人以鱼,不如授人以渔"。"助人自助"充分体现了以人为本的观念,也是乐施会坚持"参与式"工作方法的思想根源。乐施会认为,每个人都有权得到尊重与关怀,享有食物、居所、就业机会、教育及医疗卫生等基本权利,乐施会期望在持续发展中建设一个更加公平的世界。乐施会关注以下六项基本权利的实现:可持续生计、获取基本社会服务、保障生命安全、意见受到重视的权利、性别平等及多元化的权利、做负责任的世界公民。

在以上理念的引导下,乐施会也逐步发展出具有自己特点的工作方法,应用于其推行的扶贫与救灾工作中,并体现在项目实施的方方面面。

1. 注重参与性

"参与式"是乐施会开展工作时表现最突出的特点。如上所说,乐施会"助人自助"的宗旨和理念使其一直以提高受助群体掌握自己未来发展的能力为原则,发动群众变被动接受为主动参与。乐施会认为,应该鼓励受助群体在项目的规划设计、执行、监督和评估中充分参与,充分表达自己的意见。因为,这样会使项目能更加精准地瞄向目标人群,项目目标能得到最大限度的实现,项目村的发展才具有生命力。

2. 关注弱势人群

---

① 资料来源于乐施会官方网站:http://www.oxfam.org.cn/index.php。

乐施会在开展工作中尤其关注对弱势群体的扶持,这样做的原因有两个。一是 NGO 的角色定位。乐施会认为在抗灾扶贫行动中,政府发挥主导作用,NGO 应该成为政府的有益补充,配合政府做"盲点"工作。"弱势"是指那些在性别、民族、宗族、健康、居住地点等方面处于劣势的个人或群体,他们的需求和利益往往被忽视。因此对这部分人群的关注和照顾成为乐施会开展工作的主要对象,有利于发挥机构自身优势,体现 NGO 工作的特有意义。二是弱势人群通常是处境最困难、最亟须得到帮助的群体。因此关注弱势是乐施会对抗贫穷、促进社会公平正义等目标追求中的应有之义。

3. 注重性别平等,保护妇女权益

妇女本身是性别弱势群体。社会性别平等是乐施会长期的工作目标之一。乐施会力图在所有项目中落实社会性别主流化,关注女性处境、需求和权利,倾听女性的声音,使她们能够获得资源和发展的机会,并参与到项目管理中来。

三、乐施会在中国的扶贫工作

自从 20 世纪 90 年代初在内地从事扶贫工作以来,乐施会以西部为重点,先后在近十个省(区)开展了扶贫与发展工作,累计投入资金达五亿元人民币,并与有关项目省(区)扶贫单位及项目县人民政府建立了合作关系。

1987 年,乐施会在中国支持的首个扶贫项目于广东省实施——向当地伤残人提供康复服务。1992 年,乐施会成立"乐施会中国发展基金"。1997 年,乐施会与云南省扶贫办确定了合作伙伴关系。2002 年,乐施会与陕西省扶贫办合作开展了农村扶贫发展项目。同时,乐施会与国务院扶贫办系统合作开展多个培训、研究及考察项目,内容除了农村扶贫发展外,还包括艾滋病及农民工务工前培训等议题。2006 年,乐施会与国务院扶贫办外资项目管理中心签署合作框架协议,就乐施会与政府多年合作所共同取得的扶贫经验进行积极示范和推广。

除扶贫、民政等部门外,乐施会还积极与其他政府部门建立合作关系,如劳动保障部、民委、农业部、外交部、商务部等。他们定期与合作伙伴交换工作意见,以获取相互支持,拓展合作领域,探索和尝试有效的扶贫方法,特别是探讨政府机构和 NGO 更紧密合作的有效途径和机制。同时,还支持国务院扶贫办官员考察、了解乐施会项目和南亚等国家(印度和孟加拉国)的扶贫工作。这些考察为扶贫办关注农村综合发展、城市贫困、加强与 NGO 的全面合作进行政策创新,促使国家宏观政策更有利于贫困地区和弱势群体的发展提供了启发和借鉴①。

20年来,乐施会为内地扶贫作出的积极贡献,得到了政府、媒体及普通民众的广泛关注和高度赞誉。2001年乐施会获得国务院扶贫办发表的"中国的农村扶贫开发"白皮书的肯定,2003年获《南风窗》杂志颁发的"为了公共利益"年度榜扶贫奖。2004年,时任乐施会总干事庄陈有获得首届中国消除贫困奋斗奖荣誉。总而言之,乐施会在国内十多年的扶贫与减灾行动,为中国的扶贫事业和危机应对作出了有益的探索。

第二节 乐施会与灾害管理

在乐施会的扶贫行动中,灾害管理构成了极为重要的部分。当今世界面临的自然灾害风险增大,给人类带来了巨大影响和挑战,严峻的灾害形势呼唤社会力量参与对社会及自然风险的治理。NGO作为一支重要的社会力量,凭借着自身的专业素质和工作能力,能够在灾害救援中发挥重要作用和影响,有承担灾害管理重任的意愿和能力。另外,灾害与贫穷问题相互交织影响,成为阻碍人类社会发展的重要原因。在这种背景下,乐施会把灾害管理作为机构的主要职能和任务,努力发挥NGO减灾抗灾的作用,是对历史形势的一种适应和应对。乐施会成立30多年来,参与了全球多次重要灾害的救援工作,在减灾抗灾和灾后重建方面作出很大贡献,同时,它们也不断进行理论研究和实践总结,探索并形成了自己的一套灾害管理理念和方式。这些灾害管理理念和方式在其参与汶川地震救援和灾后重建中也被部分运用。

一、乐施会参与灾害管理的背景

乐施会将灾害管理作为机构的重要职能和工作内容,主要基于当今严峻复杂的灾害风险对减灾抗灾力量的更高要求、NGO的既有宗旨目标及其在灾害管理过程中的独特优势和发挥的作用,还有灾害和贫穷问题相互交织的现实状况。

1. 灾害管理方式的转变

进入现代社会以来,世界所面临的自然灾害风险不断增大。频繁的灾害事件撞击着人们的神经,各种突发事件严重威胁着人类安全和社会稳定。据不完全统计,在1960年到1987年的27年当中,全世界共发生

---

① 关于《乐施会简介》详见:http//www.njhychina.cn/shownews.asp? id=176。

地震、气象、风灾、火灾、海啸等重大灾害107起,平均每年3.96起①。近些年来,海啸、地震、飓风、洪水等灾害更是频繁发生,破坏力和对人类的影响也越来越大。如此严重的灾害发展趋势,对全世界构成了严峻挑战,对灾害管理提出了更高要求。如何应对危机并实施有效管理,已成为摆在世界各国人民与政府面前亟待解决的重大问题。毫无疑问,政府应在应对灾害中承担首要责任,利用其在宏观调控和资金资助以及协调组织方面的优势,发挥积极的主导作用。与此同时,人们越来越认识到,自然灾害事件不仅是对政府能力的挑战,更是对全社会整体能力的综合考验,需要发挥全社会的力量,需要多种行为主体同心协力共同应对。NGO具有灵活高效创新、专业公平、沟通适应性强等优势,完全可以、也应该在灾害管理中发挥积极作用,成为这一领域的一支重要力量。

其实,在一些西方国家,NGO等社会组织早已在灾害应对过程中发挥着重要作用,形成了多元化的救灾力量格局。如2005年伦敦遭到连环爆炸袭击,英国红十字会立即在全市派出急救志愿者和救护车,并开设国际追踪和信息服务,大量红十字会志愿者赶来提供心理支持和其他救援。另外,美国卡特里娜飓风灾害以后,在发放食品和饮用水的过程中,红十字会和宗教团体都发挥了非常重要的作用。有时NGO对灾害的响应甚至比政府更为快速,救援更加及时。日本阪神大地震时,由于行政管理体制按照常规运作,程序复杂,经内阁会议通过的政府救灾对策总部在地震三天后才得以成立。而大量NGO和志愿者却早已经先于政府救援组织到达灾害现场,开始资源动员、运输物资、展开救助了。这次危机使得一直沉默的NGO在日本得到认可,也促使政府反思和改进了自身的危机应对体系②。国外的实践经验证明,有了NGO这种社会力量的有效参与,公共管理活动能够更加有效,灾害管理尤其如此。

在中国的灾害管理中,虽然也能看到NGO的身影,但总的来看,参与的深度和广度还远远不够。这些年来,随着市场经济的发展,民间组织的发育和壮大,政府在公共管理中的职能也在转变,开始改变以前大包大揽的强势形象,逐渐把一些职权让渡于社会力量,对于NGO的态度也开始步入接纳与合作。近年来的事实也证明,在公共危机管理,尤其是灾害

---

① 王子平:《灾害社会学》,湖南人民出版社,1998年,第1页。
② 贾西津:《非政府组织对突发性公共危机管理的意义》,具体参见 http://www.chinavalue.net/Blog/BlogThread.aspx? EntryID=92822。

管理中，NGO的行动显示出了良好的社会效果。

中国灾害管理学家许厚德曾提出，减灾工作的三大重要支柱是，政府的主导作用、科学技术的进步和全社会力量的参与①。政府在救灾过程中的作用更加侧重于宏观的协调规划，保证各方力量的有序配合，而不是事必躬亲地打点每一个细节。NGO与政府有着完全相同的目标，只是工作程序与着重点有所不同。NGO更侧重于细致、微观、深入的救援，可以照顾到政府顾及不到的领域。这是民间与政府互补的救灾模式，能发挥各自的特长。

由此可见，尽管现在NGO还只是辅助性的"配角"，但对多元化的灾害管理机制的强烈需求使得NGO参与灾害管理成为趋势和潮流。在当今日益严峻的灾害形势下，NGO的力量更显得倍加重要。乐施会作为发展成熟完善的国际NGO，在此过程中理应起到带头作用，用实际行动显示出NGO在灾害管理中的可能性和必要性，切实为全球的灾害治理作出一些贡献。

2. NGO的独特属性和自身优势促成了NGO参与灾害管理

灾害及其管理方式的变化呼唤NGO的参与，NGO的组织性质和目标，以及是否能够承担起相应的职能，则是其选择是否参与和如何参与灾害管理的重要因素。

政府在防灾减灾中始终扮演着主导性的重要角色。但是，政府的活动也常常达不到预期目标，或者需要付出高昂的成本，有时甚至导致负效应，发生"政府失灵"的状况。一些学者据此认为，NGO得以发展并在减灾中发挥作用是因为"政府和市场有失灵的一面，需要有一些能够弥补其各自缺陷的中介组织来沟通这两方面的联系"。但是，政府失灵虽然为NGO提供了一定的生长空间，但NGO还必须发挥自身的独特属性和优势。两方面共同作用才能促成NGO在灾害管理中发挥有效功能。

当今最为流行的关于NGO的定义认为NGO具有正规性、独立性、非营利性、自治性和志愿性等基本属性②。这几种属性决定了NGO能以其中立的身份广泛接近社会基层易受损害的群体，并同政府组织、企业组织保持长期的联系，具有动员社会资源的强大功能。一方面，通过各种慈善性的募捐活动筹集善款和吸纳各种社会捐赠，动员社会的慈善捐赠资

---

① 邓凤玲：《浅谈防震减灾管理中NGO的作用》，载《国际地震动态》，2006年，第3期。
② 康晓光：《NGO扶贫行为研究》，中国经济出版社，2001年，第4页。

源;另一方面,作为志愿性组织,可以组织慈善公益活动,动员社会志愿服务资源,而这恰恰是减灾活动中稀缺、政府和企业又无法有效提供的社会资源。这种社会联系的广泛性和民众的亲和力以及在减灾中的独特优势,为NGO在防灾减灾领域预设了巨大的空间,注定在该领域必将大有可为[1]。NGO的特性决定了它也具备一些政府、企业等其他主体没有的特殊优势,如灵活机动、反应迅速高效、专业性等。而鉴于灾害事件的突发性和普遍破坏性,NGO的这些自身优势恰恰使其能够在救灾中发挥独特作用,而不仅仅是对政府行为"量"上的补充。

简言之,NGO在灾害管理的不同阶段可扮演几种角色。一是灾害发生前的预防宣传员。NGO可以利用其基层性、草根性的特点,深入社区宣传和普及防灾减灾知识,利用多种形式和方法向大众宣传普及灾害知识和防灾避险的技能。另外,通过它们在社区开展的基础设施建设等项目增强对灾害的抵御能力,防患于未然。二是灾害救援和服务的直接提供者。灾害发生后,NGO以其快速灵活的反应力,通常能够第一时间到达灾区现场,为灾民提供必要的救援。它们不仅在紧急救助阶段发挥作用,在灾后恢复重建中也能够筹集提供所需的人力、物力、信息、技术等方面的服务。三是连接灾区和救援力量的协调者和组织者。NGO能够有效组织志愿者等救援力量,整合分配大量的救援物资,是受灾百姓和政府间的沟通桥梁。四是公共资源使用的监督者。每一次的公共危机都关联着大量公共资源和志愿资源的调配与使用,这些调配更多是非常规的、紧急程序的、及时的。公共资源的合法与有效使用此时不仅关系重大,更容易出现问题。NGO的丰富经验和监督角色可以使得公共资源发挥更好的作用[2]。

有了以上种种条件和优势,NGO参与灾害管理工作自然成为顺理成章的事情。但也应该看到,目前中国国内的NGO发展还不够成熟,规模和影响力都较小,没有足够的实力参与灾害救助的工作。在这种情况下,乐施会的参与就显得特别突出。

3. 灾害与贫困的密切关系

《不是天意:灾害与贫穷》这本由乐施会出版的书籍,道出了灾害与贫穷之间的密切关系。书中提到,非洲东部旱灾触发了粮食危机,印度尼西

---

[1] 郭根:《NGO参与减灾的思考》,载《城市与减灾》,2008年,第6期。
[2] 贾西津:《非政府组织对突发性公共危机管理的意义》,具体参见 http://www.chinavalue.net/Blog/BlogThread.aspx?。

亚地震、厄瓜多尔火山爆发、东帝汶的派系冲突事件……为什么发展中国家及贫穷人口仿佛特别多灾多难,这是天意吗?① 答案当然是否定的。灾害与贫穷有着互相影响、互相推动的密切关系。灾害导致贫穷或者返贫,而贫困人口抗灾能力弱,脆弱性强,更容易受灾,如此形成了一个恶性循环,最终导致灾害与贫穷地区的高度重合。据统计,中国农村每年遭受严重自然灾害的村在10%左右,而在国家扶贫开发重点县超过50%。汶川地震51个极重和重灾县中,就有扶贫工作重点县43个(其中国定县15个,省定县28个),革命老区县20个,少数民族县10个;有贫困村4 834个,灾前贫困人口218.3万人,贫困发生率为30%②。

众所周知,自然灾害是导致人们陷入贫困的主要原因之一。灾害在导致新的贫困发生的同时,会加重已有的贫困状况。在中国,灾害始终是农村扶贫进程的重要障碍,是造成返贫的重要成因。中国是世界上自然灾害最为严重的国家之一,灾害种类多,发生频率高,分布地域广,造成损失大。地震、洪涝、旱灾和雪灾等自然灾害致使人员伤亡,损毁各种基础设施,破坏耕地、森林植被生态系统,给受灾地区带来严重的损失。近15年来,中国平均每年因各类自然灾害造成约3亿人(次)受灾,倒塌房屋约300万间,紧急转移安置人口约800万人,直接经济损失近2 000亿元③。另一方面,贫穷也反过来对灾害产生强化效应。贫穷地区和贫穷人口的脆弱性强,相应对灾害的抵御能力较差,遭受灾害后容易受到更大影响,并且恢复能力也较差。因此形成了越穷越受灾,越受灾越穷的恶性循环局面,也造就了灾害高发区和贫穷地区高度重合的情况。

乐施会是一个把"助人自助,对抗贫穷"作为行动宗旨和目标的NGO,几十年来一直致力于扶贫发展工作。灾害与贫穷间互相作用的密切关系使得灾害治理成为乐施会工作中一个不可回避的重要领域。乐施会作为一个扶贫发展机构,认识到减灾在扶贫工作中的重要性,一直以来把响应灾害视为扶贫发展工作的重要部分。实际上,发展有助于增强人们抵御灾害的能力,而拥有了强大的抵御灾害的能力也能够保障进一步发展。

二、乐施会的灾害管理理念

中国是一个灾害频仍的国家,自然灾害种类多、分布范围广、发生频

---

① 具体参见http://www.hkedcity.net/library/book/index.phtml?isbn=9626640243。
② 黄承伟:防灾减灾/灾后重建与扶贫开发研讨培训班资料,2009年1月。
③ 具体参见《国家"十一五"减灾规划》。

率高。面对灾害的严峻挑战,不能仅仅依靠政府的力量,更需要动员全社会共同参与防灾抗灾。其中,NGO应该并有能力成为灾害管理中一支重要的力量,利用其独特的优势积极参与并发挥作用。正是有了这种认识,乐施会自成立以来,一直积极响应各种灾害,参与了全球数次灾害的救援和重建工作。防灾减灾已经成为了乐施会的核心工作内容。另一方面,如上文所述,灾害与贫穷密不可分,灾害严重制约经济的持续稳定发展,这使得灾害管理必然会被纳入乐施会开展的扶贫工作范畴中。同时,提升救助群体抵御灾害的能力,能够保障更好地开展扶贫发展工作,增强巩固扶贫效果。基于以上背景和原因,乐施会作为扶贫发展机构,把灾害管理视为其义不容辞的职责,当做机构的主要任务和职能。

乐施会对灾害管理的定义是:在社区有策略地进行一连串活动或工作,以帮助社区居民减轻或消除抗灾的薄弱环节,发挥抗灾潜能以及减轻灾害对他们的影响。灾害管理的目的有5个,包括:避免有人员伤亡;尽量减轻灾害对人们的痛苦;提高当地居民及机构部门对有关危险的意识,并鼓励他们采取有关防灾减灾的方法;尽量减低财产的损失及经济损失;加快生产恢复及重建,并尽快使社区步向发展[①]。

乐施会认为响应救援灾害不只是派发物资,拯救生命或减少经济损失,救援只是暂时的,更重要的是通过灾害管理,长远提升受灾社区的防灾减灾能力,以及协助人们重建家园和恢复生计。因此,灾害管理是一项系统工程,不单是灾害发生时的紧急救援,还应该包括灾害发生前的预防准备以及灾害发生后的恢复重建。作为长期扎根基层社区的救助组织,对当地的自然环境、各种条件比较了解,它们分析考察存在的潜在危险,协助村民采取一定的预防准备措施,抵御灾害或减轻灾害带来的损失,如修筑防洪防震工程、植树造林、农田改造、疏导沟渠、设置预警系统等。另外,薄弱环节不仅是物质层面,还包括人文与社会环境层面。因此,对村民进行救援培训,宣传和普及减灾知识,增强村民的灾害管理意识和对灾害的心理承受能力,也是十分重要的环节。灾害发生后,NGO完全可以协助政府帮助灾区恢复重建。比如修建住房、建设基础设施、恢复农田、提供心理援助等。帮助灾民重建家园、恢复生计。提高灾民的社会及经济发展的基础,使其能够不断发展下去。

在这种理念的引导下,乐施会一直坚持不懈地在基层社区开展防灾

---

① 乐施会成都办:《灾害管理理论与实践简介》,2009年11月。

减灾工作。并且把其与扶贫发展工作贯穿结合、综合考量。因为乐施会把灾害管理当做一种发展工作,超越单纯的救援与恢复,着眼于提高受灾人群的内在潜能,克服灾害所造成的影响。协助、鼓励灾民自救自助、自我提升才是长远的工作。但是,以发展为目的的工作与灾害管理工作并不总是相互促进,有时可能会互相抑制。一些缺乏规划的发展项目可能破坏自然环境,增加薄弱环节,带来风险。相应的某些应对灾害的项目也可能阻碍发展进程。因此,乐施会在工作中注重分析比较种种因素的影响,权衡利弊,选择最优策略方案。

三、乐施会的灾害管理行动

乐施会以实际行动践行着自己的灾害管理理念。成立30多年来,在全球范围内参与了多次重大灾害的紧急救援和灾后重建工作,并把推进灾害管理作为机构日常工作的重要部分。

在国际方面,乐施会参加过救援的灾害有2005年的印度洋海啸、巴基斯坦地震,2006年东非干旱灾害,2007年南亚洪水灾害,2008年缅甸风暴等。在国内发生的灾害救援中,也总是能够看到乐施会的身影。从1995年进入大陆开展救灾项目以来,救灾项目经费占乐施会在大陆项目经费的四分之一[1]。乐施会原则上主要回应国家规定的四级灾害响应机制中确定的四级(包括四级)以上的灾害,包括洪灾、冰雹灾、滑坡、泥石流、地震、旱灾、火灾、沙尘暴等灾害。如果有需要,乐施会也将积极对四级灾害响应机制中确定的四级以下但灾害影响大、外界援助少、比较贫困的灾区进行回应[2]。乐施会在中国内地先后参与云南澜沧、丽江、大姚、宁蒗、宁洱、鲁甸、盐津,以及贵州、内蒙古、新疆、四川、甘肃等地区的地震紧急救援及灾后重建工作。其中,1996年丽江大地震,乐施会共投入1 277万元人民币。自1995年到2007年为止,乐施会平均每年投入资金845万元用于紧急救援、灾后重建、减灾防灾和开展少部分的灾害培训工作。比如紧急救助是通过购买粮食、衣被、蚊帐、煤炭、塑料布、食盐、食油、药品、饮用水管和炊餐具等,帮助灾民渡过难关,一定程度上减轻了灾害给他们带来的痛苦和影响[3]。此次汶川地震发生后,乐施会也在第一时间进入灾区,是第一批进入灾区开展

---

[1] 李雪婷:《规范透明精细到位——记乐施会贵州罗甸县特大洪灾救援活动》,载《中国妇女报》,2007年9月8日。
[2] 资料来源于乐施会网站:http://www.oxfam.org.cn/news_s.php?id=255。
[3] 资料来源于乐施会网站:http://www.oxfam.org.cn/news_s.php?id=103。

紧急救援的NGO之一,也是国务院扶贫办指定的唯一一家开展灾后重建工作的国际NGO合作伙伴。这不光体现了乐施会在灾害管理方面的丰富经验与积极行动,也表明了政府层面对乐施会的认同与信任。

多年的工作经验证明,在大灾面前,应该坚持政府主导,社会各界协同应对的原则。因此,乐施会积极与政府机构合作,发挥各自优势,共同推进灾害管理工作。例如,2007年乐施会与民政部签署了《中华人民共和国民政部与乐施会合作协议》,计划在三年内与民政部救灾救济司合作开展一系列灾害管理工作。此外,乐施会还与青海省民政厅签署了关于救灾应急合作项目框架协议,使双方在以往合作的基础上进一步地推动当地扶贫救灾工作,探索有效的合作模式。汶川地震后的重建阶段,乐施会与国务院扶贫办系统正式签订合作协议,成为中国政府层面认可的从事地震灾后重建的第一家国际NGO合作伙伴。与政府的这些广泛合作使乐施会更容易获得地方政府和民众的信任和支持,得以更加顺利深入地在中国开展工作。

在灾害管理方面,乐施会还从实践和理论层面不断探索,建立了创新有效的工作模式。比如他们所倡导的以社区为本的灾害管理(Community—based Disaster Preparedness Programme)。社区为本的灾害管理,是以社区为主体,在与社区共同分析的基础上有策略地开展一系列活动,包括能力建设和意识提升,以降低社区的脆弱性,增强社区的能力,抵御灾害或降低灾害带来的影响①。这种工作方法是,探索推动社区群众的参与,信任和尊重当地人的知识、经验和能力,使对于社区最为熟悉的当地居民自己分析评估灾害问题,通过成立社区灾害管理小组参与选择项目并实施、监督,自我管理。推动社区建立切合实际的项目后续管理办法,形成社区自己的管理制度,使项目发挥长久效益。同时整合政府、技术专家和乐施会的力量给予帮助、支持和服务,在充分尊重群众意愿的基础上,引导社区向科学合理可持续的方向发展。在灾害多发的地区,推动社区分析灾害的成因,由社区自主地寻找减灾防灾的办法和措施,建立较长期的社区灾害管理小组,推动社区灾害意识和防灾意识的提高。以社区为本的灾害管理方式是乐施会"参与式"方法的继承体现,同时也是救灾与发展相结合的灾害管理理念的具体实践。因为在社区开展的项目不仅仅是完成项目本身,更要着眼于增强村民的能力,降低面对灾害的脆弱

---

① 陆文波:《以社区为本进行灾害治理——安乐街村的故事》,载《中国发展简报》,2008年春季刊。

性,为社区更长远的发展奠定基础。乐施会采用这种灾害管理模式参与国内外救灾项目,不断探索创新,攻克难题,取得了显著的成效。

第三节 乐施会与汶川地震紧急救援及灾后重建

"5·12"汶川地震发生后,乐施会作出了快捷有力的反应。作为一个长期在内地开展救灾扶贫工作的人道主义救援机构,乐施会从紧急救援到灾后重建一直积极参与,发挥了重要作用。面对这次世所罕见的巨大震灾,乐施会也展开了前所未有的援助工作。

一、紧急救援阶段

2008年5月12日的下午,乐施会香港总部,高层领导们正在召开"灾害气候变化对贫困的影响"议题讨论会议。乐施会中国部总监突然收到消息:北京时间下午2点28分四川发生了大地震。这一消息令全会场的人都震惊了。接下来会议马上转变了主题。整个下午和晚上,乐施会的成员都在焦急地关注四川的灾情。第二天一早,乐施会总部紧急召开会议,决定拨款1 200万元港币用于"5·12"汶川大地震中的物资援助以及灾后重建,并决定开始向香港公众进行筹募捐款活动,支援地震灾民。同时,乐施会各个项目办的官员们立即从四面八方赶赴四川,迅速组建四川地震救灾工作前线工作团队。一场在乐施会行动历史上前所未有的大规模灾难援助正式拉开大幕。

在随后的紧急救援过程中,乐施会首先考察现场情况,了解灾区最需要什么,然后寻找合作伙伴,与四川省扶贫办建立合作关系,并开始与当地志愿者共同发放救援物资。根据乐施会"5·12"地震后3个月工作报告统计,乐施会分别在四川、甘肃及陕西三个受灾省份的20个县市,包括其中125个乡镇及村落,开展救援及灾后重建工作。截至2008年8月11日,乐施会为"5·12"大地震所筹得的款项为港币136 998 787.15元。截止到2008年11月11日,乐施会用于紧急救援方面的开支为20 138 057港元(折合人民币18 142 394元),受惠于乐施会灾后救援工作的共有611 522人,其中四川516 487人,甘肃84 971人,陕西10 064人,这是乐施会成立以来最大规模的灾后重建救援行动[1]。

---

[1] 资料来源于《乐施会汶川地震首月、3个月、六个月及周年工作报告》,具体参见http://www.oxfam.org.cn/userfiles/20090211152634820.doc。

(一)救援工作的项目领域

1. 派发救援物资

地震发生后,乐施会第一时间进入灾区,工作人员对灾区进行考察评估,确定灾区群众最为需要的物资种类,然后按需采购物资运往灾区进行救援。派发救灾物资是紧急救援阶段乐施会最为主要的救援内容,它解决了灾民最为紧迫的生活需求问题。

2008年5月至11月,乐施会在四川、甘肃和陕西三个受灾省份,向577 000多名灾民提供大米349吨,面粉236吨,食用油36 320瓶,棉被32 320床,帐篷2 750个,编织袋10万个,彩条布8 295卷(供灾民搭建临时帐篷),及卫生用品、铁床、临时厕所等紧急援助物品。

2008年12月至2009年1月,考虑到仍有大量灾民以临时安置点甚至帐篷为家等待重建家园,乐施会在四川省广元市利州区向贫困灾民提供棉被1 800床;在青川县四个乡镇向2 100户约8 500人提供棉被2 200床,彩条布1210卷;在甘肃陇南市徽县和康县6个乡镇向13 392人派发约738吨煤炭,帮助群众度过地震后第一个寒冬。

2. 实施公共卫生项目

从地震发生后的5月至8月间,针对大灾后通常出现的疾病、疫情等卫生问题,乐施会安排了专业的医疗护理人员前往灾区开展公共卫生项目。

乐施会与四川大学华西公共卫生学院合作,派出260名专业医护志愿人员前往绵阳、北川、都江堰、彭州、绵竹、安县、什邡等灾区进行公共卫生和防疫工作,包括消毒杀菌、清理垃圾及粪便、疾病监测、派发药物、向灾民传播卫生及防疫知识、采集样本以评估防疫工作等。同时向都江堰紫坪铺帐篷小学师生提供心理咨询服务。此外,为改善集中安置区的卫生情况,乐施会向64个集中安置区提供流动洗手间。乐施会干事教授灾民挖掘深坑集中处理及掩埋垃圾,而可循环再用的废物,例如胶樽,则鼓励他们循环再用,减少对环境的破坏。

同时,乐施会还安排了传染病专科医生走访数个灾区,了解当地的卫生及防疫情况,与当地的医护人员交流,并编写灾区情况评估纪录以对规划救援及灾后重建工作提供参考。

3. 提供心理辅导援助

乐施会在参与地震紧急救援,提供物质帮助和服务时,也关注灾后灾民心理辅导的需求。大地震对灾民带来巨大的心灵创伤,因此,如何为受灾群众提供及时的心理辅导援助,使他们尽快稳定情绪,化解悲痛,预防和减轻灾后长久的心灵创伤,是乐施会十分重视的项目。乐施会与国内具有心理援助经验的专业机构,针对政府及社会资源关注较少的农村、少数民族等受灾地区,开展心理辅导项目,满足受助群体缓压的需要。

比如,乐施会与四川华西医科大学公共卫生学院合作,支持他们在紧急救援中心进行心理辅导。从地震发生后头一个月开始,每周三次,华西公共卫生学院的两位心理咨询师在都江堰紫坪铺的帐篷小学评估师生的心理状况,并对有需要的师生进行心理辅导。心理辅导主要采取小组活动及讨论形式,让受辅导的对象能有空间释放因为灾后所承受的各种压力(例如受伤或丧失亲人),积极面对自己的处境。

4. 建造临时学校

地震的发生使灾区内多间学校倒塌或受损,由于灾区需要清理,重建永久性学校估计至少需要两年时间,数以万计的学生无法复课。为了让灾区学生恢复正常的校园生活,乐施会与当地教育部门商讨后,采取弹性做法,分别在四川省彭州市、绵竹市、茂县及理县,利用有防震功能的流动房屋技术,动用了350万元的资金,与四川省教育基金会、理县及茂县教育局合作,在地震发生后2个月内建造了7所具有防震功能的"临时学校",在重建过渡时期为3 000余名学生提供安全的上课环境。7所临时学校于2008年8月4日前已全面复课,学生重新投入正常校园生活(见表1-1)。

表1-1　乐施会建造四川临时学校完成情况

学校名称	受益学生(人)	完工日期	完成建筑面积(平方米)	桌椅(套)	黑板(块)
彭州市北君平小学	932	2008年6月10日	995	962	15
绵竹市春溢小学	470	2008年6月30日	843	411	14
绵竹市祈祥小学	204	2008年6月20日	1 084	216	—
绵竹市广济小学	258	2008年7月7日	955	295	13
理县桃坪小学	263	2008年7月14日	1 402	277	8
理县木卡小学	175	2008年7月12日	925	185	7
茂县南新小学	789	2008年7月16日	2 488	810	18
合计	3 091	—	8 692	3 156	75

（二）乐施会紧急救援阶段的工作特点

在紧急救援阶段，乐施会与所有组织机构一样，主要是深入灾区开展紧急救助，解决灾民当下最急迫的困难。但不同的组织由于性质、目标和工作方法不同，其工作领域和特点也会有所差异。同样的，乐施会在救援时把一贯的工作理念和方法融入其中，体现出了自己的风格和特色。

1. 与政府及其他团体协调合作

灾害发生后，乐施会第一时间开赴灾区后，首先是设法与政府取得联系。通过有着长期合作关系的国务院扶贫办的帮助，乐施会联系到四川省扶贫办，并获得到灾区参与救援的许可和当地政府的支持。

在具体救援中，乐施会除了自己深入灾区调查评估，还不断从地方政府那里获得更多信息，了解灾民实际需求，确定救援物资的发放。另外，与政府及时联络沟通，了解各地灾情及扶贫办的救灾安排，以决定乐施会的救助计划。通过与政府的合作，乐施会在灾区的救援避免了盲目性，目标性更强，发挥了更大的协同效用。

除了与政府的合作，乐施会也与其他机构团体协调合作。如上文所提到的与四川华西医科大学联合开展的公共卫生与心理援助项目。另外还与在灾区参与救援的国内草根 NGO 合作，乐施会凭借自身的募款能力和与政府的良好合作关系帮助这些草根 NGO 获得资金、物资及通行证方面的支持[①]。

2. 注重弱势群体的需求

关注弱势群体是乐施会一贯秉持的工作目标，这次的汶川地震救援也不例外。比如在派发救灾物资时，政府机构更关注重灾区，并比较注重分发中的平均，不能"厚此薄彼"。但乐施会则把未受到援助的灾民及弱势群体作为优先对象。在选择救援地区时，乐施会的两个条件就是：本来就比较贫困的受灾地；其他救援组织没有关注到的偏远地区。因为受灾特别严重的地区，往往受到外界的更多关注，较易得到支持，而一些比较偏远的地区，可能因为信息障碍或交通不便受到忽视，令当地受助群体较难得到援助。

救灾初期，乐施会总部就确定了此次参与大地震灾难救助的一个总体思路：关注受地震灾害影响的弱势群体，包括妇女、儿童、老人、孤儿等；

---

① CBN 记者：《NGO 管理能力影响救援效果：可尝试找个 CEO》，载《第一财经周刊》，具体参见：http://news.sohu.com/20080530/n257182761.shtml。

关注偏远受地震灾害影响的地区;将救援物资发放到最需要的人群;对政府救援工作的一种有益补充;先从事紧急救援,后开展灾后重建①。在这个思路的指导下,乐施会的救援很明显地起到对政府救助的补充。比如,特别为当地信奉回教的回族提供清真食品和牛奶,为妇女提供卫生巾以及给哺乳期的儿童发放奶粉等。

3. 打破常规与坚持原则

面对突发的巨大震灾,在救助过程中必然会遇到预料之外的各种复杂多变的状况,以及与众多救援机构、政府部门协调配合的问题。救援组织来不及做周密详细的准备计划,必须根据具体情况灵活应变,选择适应性的对策②。

乐施会在工作中,常常遇到以上挑战。面对特殊情况,一些常规的工作程序难以开展,需要打破常规,特事特办。这样的例子在"5·12"汶川地震紧急救援中常常发生。比如,在前期采购救援物资时,按照乐施会以往的惯例,是找一家合作伙伴来负责物资的询价、采购与运输,乐施会仅负责出资、检查产品质量以及审计评估。但是在当时灾情紧急的情况下,乐施会决定成立自己的询价与采购小组,以节省时间,尽早地把物资送到灾民手中。在随后的项目建议书审批上,也打破了以往缜密复杂的流程,乐施会以最快的速度制定出项目方案并立即投入实施。另外,乐施会总部还破例第一次允许前线救助人员随身携带现金在本地进行小额采购,与大宗救灾物资相结合,进行灵活援助。

虽然面对特殊复杂的情况,乐施会不得不常常选择妥协和改变,但在某些时候,乐施会又会坚持自己的某些原则,运用多次大灾中的救援经验,想方设法排除困难,为自己的工作积极争取主动。如在运送救援物资时,乐施会希望尽可能地把物资送到最终受益人的手上,减少中间环节。"决不经过第三者之手"是很多慈善机构的救援宗旨。根据乐施会的原则和捐款人的意愿,物资不能仅送到乡镇,由政府平均调配到各村,而是希望选择几个情况最困难的村,有针对性地送到物资最为匮乏地区的灾民手里。这使得救助的目标区域和目标对象更明确,信息的反馈也更明晰,如此才能更切实解决灾民的需求,同时能够直接监督物资的发放,对捐助者负责。

---

① 王强:《乐施会——救助与重建》,载《商务周刊》,2008年,第6期。
② 王强:《乐施会——救助与重建》,载《商务周刊》,2008年,第6期。

二、灾后重建阶段

在救灾初期,乐施会就开始考量灾后的恢复重建。随着紧急救援工作的结束,乐施会的工作重心也逐渐转向帮助灾民恢复生活、生产,重建家园上来。为了部署重建计划,实施重建工作,乐施会于 2008 年 6 月正式成立了中国部第五个项目办公室——成都办公室,筹备推动未来 3 年至 5 年重建灾区的工作。并与中国国际扶贫中心、国务院扶贫办灾后重建办公室签订《贫困村灾后重建框架协议》,确定了灾后重建的合作伙伴关系。此后,乐施会成为与中国国务院扶贫办签订合作协议的第一个从事地震灾后重建的国际 NGO。

在紧急救援阶段,乐施会就注意对灾区情况调查评估,收集资料,为以后系统的重建规划提供参考依据。同时与当地合作伙伴交流沟通,了解各地政府部门及对口帮扶省份的灾后重建计划,由此确认乐施会在重建项目的重点投入领域。在此基础上,乐施会制定了在四川、甘肃、陕西三省的灾后重建策略规划。根据重建工作的实际开展情况,规划也在不断进行修订调整。按照规划,重建工作分三个阶段,连续实施 3 年到 5 年。在四川,乐施会的工作集中在农村社区灾后重建,主要包括:小型基础设施建设、社区的生产恢复和自救、培训社区发展能力、文化恢复与保护等。由于甘肃得到外界的重建资源较少,结合甘肃公共服务设施受灾及恢复需要,针对甘肃的援助计划,其内容除农村社区灾后重建外,还包括农村小学灾后重建项目①。

"重建有我"和"助人自助"是乐施会实行灾后重建的宗旨。乐施会认为,重建工作不仅仅是硬件的改善和物质水平的提高,更应该把重建工作当成一个提高灾民应对灾害、自我发展的能力,实现灾区长远可持续发展的契机。在恢复重建的同时,全面改善受灾区的贫困情况。

乐施会在灾区的重建已经开展了两年有余,当前已进入了第三阶段的工作。乐施会与合作伙伴共同考察选择若干项目村作为扶持对象,采用参与式项目管理的方式开展重建。截止到 2010 年 5 月,乐施会已经成功实施完成了多个重建项目。对于乐施会参与灾后重建项目实施的具体过程,会在以下章节中详细呈现,此处不再描述。

---

① 乐施会中国部:《四川省和甘肃省汶川地震灾后重建策略规划》,2008 年 8 月。

第二章 汶川地震灾区贫困村重建

2008年5月12日发生于四川汶川的地震直接造成了大规模的人口返贫、致贫。据初步统计,此次四川省受灾贫困人口约210万人,因灾返贫、致贫人口近370万人①。在这种情况下,灾后重建与扶贫开发相结合的重要性不言而喻,尤其是那些原本就很贫困的村,其重建工作更是值得重点关注。灾后重建是一项系统工程,因此确保系统内各部分关系的协调就显得十分重要。为此,灾后重建相关政府部门制定了灾后重建的政策框架,以保证灾后重建工作的顺利开展。国际合作作为灾后重建的重要组成部分,在引进国外应对灾害的经验,向世界传播中国的抗灾理念和方式,提升中国在国际事务中的影响力等方面意义重大。由于乐施会是国际性NGO,因此,本章也会专门概述这一内容。

第一节 自然灾害与贫困的关系

灾害社会学认为,单纯地看,自然灾害只是一种自然现象,只有加进人的因素,看到它对人类的影响和作用,才能称其为灾害。而贫困就是灾害对人类最为显著的影响之一。自然灾害与贫困关系的研究一直是灾害研究、贫困研究和国际发展研究中关注的重要议题。自然灾害的破坏性造成了大规模的物质资本损失、大量的人力资本损失、大量的金融资本损失、大量的自然资本损失、严重的社会资本损失,降低了社区和农户层面的资产存量,导致农户陷入贫困陷阱。

一、自然灾害导致贫穷发生率上升

中国的自然灾害大多发生在贫困地区,尤其是西部地区。全国592个国家级贫困县中,西部地区有366个,占61.8%②。这些县自然条件恶

---

① 国务院扶贫办:http://www.cpad.gov.cn/data/2008/0602/article_338004.htm。
② 王国敏:《农村自然灾害与农村贫困问题研究》,载《经济学家》,2005年,第3期。

劣,生态环境脆弱,基础设施落后,自然灾害频繁,人们的抗风险能力极差。复杂多样的地理条件,加之不断恶化的生态环境,导致自然灾害的频繁发生,使西部农村贫困率不断上升。1989年全国农村贫困发生率平均为11.4%,而西部8省区(甘肃32.2%、青海23.7%、内蒙古23.5%、陕西20.3%、云南19.0%、宁夏18.9%、新疆18.7%、贵州17.8%)平均高达21.76%,比全国平均水平高出10.36个百分点[①]。张晓等人对水旱灾害与农村贫困的研究结果表明,水旱灾害对农业生产的破坏平均每提高10%,农村贫困发生率会增加2%～3%,按成灾面积比例和受灾面积比例估算灾害弹性系数分别为0.26和0.17[②]。据统计,全国每年遭受各种自然灾害袭击的人数为2亿多人,无论采取多么有效的救灾措施,都会有一部分人口因灾陷入困境,即使按1%的灾民生活困难计,每年也有200多万人因天灾陷入贫困。2003年中国农村绝对贫困人口为2 900万人,与2002年同比增加80万人。造成2003年中国农村绝对贫困人口反弹的主要原因是部分地区遭受了严重的自然灾害,导致农民收入增长缓慢,甚至出现下降[③]。因灾致贫的绝对人数的增多,无疑意味着贫困发生率的提升。

二、自然灾害导致农村返贫

世界银行在20世纪90年代的研究中发现,80%以上的穷人并不是"总是穷(always poor)",而是"有时穷(sometimes poor)",原因是他们面临各种自然灾害袭击时难以抵挡,从而陷入贫困或返回贫困的境地。随着国家"八七"扶贫攻坚计划,世界银行"秦巴"扶贫项目和"西南"扶贫项目的实施,一部分农户已相继脱贫,但是,一遇自然灾害,农业生产就会遭受损失,进而农民收入大幅度减少,返贫现象十分严重。据有关学者研究,在河北、山西、内蒙、河南和湖北等省区,1999年贫困县已经解决温饱人口的返贫率分别达31.7%、35.8%、65.7%、43.2%和27.6%。在贵州省遇到灾年农村返贫率高达20%以上,更有甚者,在秦巴山区的平昌县,1993年遭受严重的自然灾害粮食减产31.5%,以贫困户数和贫困人口计算,返贫率分别为90%和85%,重灾的笔山镇农区,返贫率高达95%。值

---

① 王国敏:《农村自然灾害与农村贫困问题研究》,载《经济学家》,2005年,第3期。
② 张晓:《水旱灾害与中国农村贫困》,载《中国农村经济》,1999年,第11期。
③ 民政部救灾救济司、民政部国家减灾中心编:《我国救灾管理体制的历史变革与发展趋势》,2007年。

得注意的是,在世界银行"秦巴"扶贫项目中,1998年～1999年脱贫农户为8%,而返贫农户达到11.5%。另据李小云等专家调查,在西部6个省抽查的11个县20个贫困村200多户农户中,大部分农户都受到自然灾害、病虫害和环境退化的影响,其比例分别占到76%、79%和57.9%[1]。

三、贫穷对灾难后果的强化

灾害管理理论认为,潜在危险+薄弱环节=灾害,也就是说一个灾害的损坏力除了取决于它本身的强度和威力之外,其实亦取决于受害者本身的薄弱环节有多大[2]。贫穷人口脆弱性大,对灾害的承受抵御能力以及恢复能力差,因此对于自然灾害更加敏感,更容易受到灾害的侵袭。这种影响体现在灾前、灾时和灾后三个阶段。

首先,中国的贫困地区与生态及环境脆弱地带具有高度的相关性。李周(1997)的研究结果显示,在生态敏感地带的人口中,74%生活在贫困县内,约占贫困县总人口的81%。刘燕华和李秀彬(2001)也认为,中国贫困地区的分布与生态及环境脆弱区具有较高的地理空间分布上的一致性——地理耦合。生态脆弱地带因处于不同生态区的边缘交替地带,生态系统的稳定性差,各要素的相互作用强烈,抗干扰能力弱,对人类活动的承受力低下,而人们不合理的开发利用更容易造成生态与环境的恶化,引发灾害的产生。

其次,贫困地区由于本身经济基础差和各种资源的约束,其基础设施建设落后,文化、卫生、教育水平差,人力资源素质低下。据统计,2004年,在国家级贫困县的17万多个行政村中,不通道路比率为20%;不通电比率为18%;不通电话比率为66%;不通自来水比率也高达66%左右。西部12个省(区、市)的贫困情况更为突出,1999年西部12个省(区、市),通电村比率只有89.5%,通邮村比率为75.6%,通公路村比率为79.8%,通电话村比率仅为19.3%,通自来水村比率仅为9.2%;从文化、教育卫生来看,乡、镇建有小学的比率为88.5%,有中学的比率为70%,有卫生院的比率为95.1%,有广播站的比率为73.7%,有汽车站的比率为32.7%[3]。由于教育水平的低下,人们普遍缺乏防灾意识和防灾知识,灾害一旦发生,主观上没有任何抵御能力。房屋建筑、基础设施简陋,本

---

[1] 王国敏:《农村自然灾害与农村贫困问题研究》,载《经济学家》,2005年,第3期。
[2] 乐施会成都办:《灾害管理理论与实践简介》,2009年11月。
[3] 王国敏:《农村自然灾害与农村贫困问题研究》,载《经济学家》,2005年,第3期。

身就存在安全隐患,抗灾能力几乎为零。特别是灾害发生后,落后的基础设施严重制约着外部救援,也制约着灾后重建。汶川地震的救援以及灾后重建过程中,基础设施落后的制约效应尤为突出。大部分灾后重建工作都是从灾区基础设施建设开始的。

由此可见,灾害和贫穷的相互交织作用,恶性循环,产生了马太效应。灾害导致贫穷,贫穷更易受灾。因此,现在学术界达成了共识,认为自然灾害不是单纯的自然现象,而是一种自然—社会现象,是由自然、人为原因共同作用引起的[1]。

第二节 贫困村灾后重建策略与组织实施体系

改革开放以来,伴随我国总体经济实力的不断提升,特别是各种扶贫政策和支农、惠农举措的进一步实施,传统规划区内贫困发生率持续降低,贫困人口所占比重大幅下降,农村贫困人口从过去的区域性分布向地域性分布转变。除少数高寒山区、大石山区、库区等特殊类型片区外,20世纪末的后几年,贫困人口在自然村内聚集的现象更加突出,这一结果导致过去以区域为瞄准对象的扶贫机制的精准性受到挑战。为适应贫困人口分布格局的新形势和如期实现《中国农村扶贫开发纲要(2001—2010年)》确定的目标,我国政府把以村为单位的"整村推进"确定为新时期主要的扶贫模式,通过"整合资源、集中投入、分批实施、逐村验收"的扶贫开发工作策略,旨在实现贫困村经济社会文化的全面发展。十年的"整村推进",为扶贫部门在村一级开展反贫困行动积累了极为丰富的经验,并为扶贫系统以村为单位实施汶川地震受灾贫困地区的恢复重建创造了有利条件。指出这一点,有利于我们更好地认识和理解贫困村灾后重建的策略。

一、贫困村灾后重建策略

"5·12"汶川大地震给灾区国家扶贫工作重点县和省级扶贫工作重点县以沉重打击,灾区基础设施、公共服务设施惨遭破坏,贫困家庭生命和物质财产损失惨重,多年来取得的扶贫和发展成果几乎丧失殆尽。灾难发生以后,国务院扶贫办按照中央指示和国务院的统一部署,研究制定了《汶川地震灾区贫困村恢复重建规划》(以后简称重建规划),指导灾区各级扶贫部门对有扶贫任务的贫困地区开展灾后恢复重建工作。重建规

---

[1] 黄承伟:防灾减灾/灾后重建与扶贫开发研讨培训班资料,2009年12月。

划对灾区贫困村灾后恢复重建的原则及实施步骤都给予了较明晰的限定。具体包含：重建瞄准对象是受灾贫困村,各类资源向穷人和弱势群体倾斜；重建内容关注生计产业的恢复与发展；重建过程重视保障社区利益相关群体尤其是社区群众的主体地位；重建目标强调实现贫困村的可持续发展；重建主体坚持政府、社会组织、市场、个人的多元化参与。贫困村灾后重建策略与新阶段扶贫方式有一脉相承的地方,也有在特殊历史环境和政策环境下的新特点。这些新特点在于,与新阶段贫困村扶贫策略相比,贫困村灾后重建的目标内容有所扩充。比如,党和国家领导人多次强调,灾后重建要与扶贫开发、减灾防灾相结合,通过系统重建、综合重建,不仅要提高灾区贫困村发展能力,同时也要从物质和意识两个层面增强贫困村抗灾、减灾能力,切实提升其抵御风险的能力水平。关于这一方面的内容在以往的反贫困行动中没有被专门提及。

(一)重建资源向穷人和弱势群体倾斜

从受灾的敏感性和灾害发生后的恢复力两个层面看,穷人和弱者都处在劣势的地位。两种弱势叠加的结果便是这类特殊群众受灾害影响更深,灾后生存更加艰难,发展空间受限。受灾敏感性与遇灾者生存环境的抗灾能力和自身防灾减灾意识有一定关联。穷人和弱势群体的住房结构等级低,所处的地质环境恶劣,自救能力缺乏,灾害对他们的物质和生命财产破坏将会更加惨重；其次,穷人和弱者不仅仅缺少发展资金,其发展能力也很欠缺,进而极大地削弱了他们受灾后的恢复能力。特殊类型群体生存与发展的艰难形势要求国家灾后重建政策需要对他们区别对待。比如,四川省广元市针对贫困家庭的农房重建补贴款比一般农户要高出4 000元,这在集中大规模建房导致建房成本大幅度上涨的境况下,对贫困户尽快完成农房重建,解决贫困家庭的"安居"问题,意义重大。除此以外,社区参与式的工作方法在贫困村灾后恢复重建中也得到广泛应用,这种工作方法解决了资源如何向穷人和弱者倾斜的问题。通过社区群众自我组织讨论贫困户识别指标,制定针对不同贫困类型和层次的补助标准,然后依赖民主投票确定扶持对象。这些举措确保了政策的执行是在公开、公正、公平的制度环境中开展的,为贫困村今后走内源式发展道路奠定了较好的基础。

(二)重建内容关注产业恢复与发展

推动贫困村灾后产业恢复与发展,培养贫困家庭经济收入增长源,是实现贫困群众脱贫发展的根本性途径。在贫困村灾后重建资金投入分配中,虽然农房建设资金、基础设施建设资金投入比重大,产业恢复与能力培训等资金分配总量相对较少,但单就从资金分配比重的角度,不能简单推断国家不重视贫困村产业恢复与发展的结论。四川省贫困村第一批20个项目村灾后恢复重建,农房恢复与重建和基础设施建设占总资金投入的94.7%,传统产业恢复与新型产业建设、农户圈舍改造、村公共服务设施等方面仅仅占总资金投入的5.3%。重建资金集中于农房恢复与重建和基础设施建设,主要是与贫困村的历史特性有关。贫困村农房以土坯结构为主,受灾的敏感度高,地震中易于倒塌。住房是人的刚性需求,受灾群众如果在这方面的需求得不到满足,不仅仅会影响他们的正常生活,而且会影响灾区的稳定;其次,灾区贫困村的基础设施都很薄弱。近十几年来,中国很多偏远山区、贫困地区的基础设施并没有得到有效的改善。突如其来的汶川地震,致使贫困地区原本就很薄弱的道路、水利等基础设施变得更坏。基础设施条件差的消极后果是极其深远的,首先就直接影响了灾后重建物资的运输,对灾区农房重建及其他设施建设构成阻碍,而基础设施薄弱,又会因降低外部资源进入的边际收益,进而限制外部力量开发贫困村内部资源,最终不利于贫困村的生计恢复与发展。由此,把资金用于改善贫困村的基础设施条件就构成了实现贫困村生计恢复与长远发展的基础与重要途径。需要特别指出的是,重视灾区生计恢复与发展,也是在贯彻和落实党和国家领导人多次提出的将灾后重建与扶贫开发相结合的号召。从某种意义上讲,将生计恢复与发展摆在更为重要的位置不仅仅源于灾区实际恢复与发展的需求,同时也是作为一项政治任务的实现路径被各级扶贫部门所执行。

(三)重建过程注重保障利益相关者权利

政府主导是传统扶贫项目的管理模式,政府没有赋予政策受益对象一定的决策权和项目管理权。随着中国政治制度的不断变革,"以人为本"理念的进一步深化以及参与式方法在国内的推行,很多扶贫主体的扶贫理念和方式发生了变化。理念上的变化表现在对扶持对象权利的尊重。方式与理念是相统一的,扶贫方式也由传统的政府主导向社区主导转变。社区主导强调扶持项目的开展应该赋予扶持对象知情权、决策权、管理权和监督权。在汶川地震灾区贫困村恢复重建中,扶持对象的这些权利或部分或全部得到了实现。

诸如知情、监督等权利应当是民主国家的公民本该持有的权利。政府的权力是人民赋予的,政府治理社会所需要的资源也源于社会。赋予群众权利的合理性不仅仅能在理论层面说得通,在实践层面,通过解释它的存在价值,来说明它存在的合理性。近十年来,学术界普遍关注社区参与方式以及社区主导的工作方式,他们发现,对利益相关者的赋权是提高项目实施效果,促进贫困村走向可持续发展的有效途径。传统项目的设计和实施,农民的乡土知识一直没有被重视和合理利用,但殊不知乡土知识对提高项目规划的可行性和科学性有显著功能。农民熟知他们生于斯长于斯的自然环境和风土人情,时常会给项目管理者带来很有价值的意见。另外,扶持对象参与对项目规划、管理与监测也能增强他们对项目的拥有感,为他们自主投工、自主监督和自主维护公共项目奠定重要的基础。而在传统项目中,很多外部支持的项目一直被农民称之为"政府的工程",进而老百姓缺乏参与公共设施建设和维护公共设施的动力,结果导致很多项目以失败而告终。更为重要的是,群众的参与也提高了贫困村自我组织、自我管理、自我发展的能力。这是因为灾后重建政策和资源对贫困村的扶持,一方面解决了贫困村发展的困难,另一方面通过项目执行过程,也增强了贫困村内部凝聚力,让村民掌握管理公共事务的能力。这些改变对贫困村今后的可持续发展很重要。

(四)重建主体强调政府、市场、社会的多元化

《汶川地震灾区贫困村重建总体规划》强调,贫困村灾后恢复重建要坚持"国家支持、社会帮扶、自力更生"的原则,"积极引导国内外社会资源支持贫困村恢复重建,充分发挥市场机制的作用,形成贫困村恢复重建的合力"。

源于20世纪90年代的经济体制改革释放了我国经济发展潜能,商品经济体系不断走向完善。工商业活动的自由发展和私人领域的独立,促进了市场和社会组织的发展,社会逐步由国家一元结构向政府、市场、社会组织三元化结构蜕变。因此,很多学者认为,在我们国家,当前治理社会的责任应当从国家一体向国家、市场、社会组织以及个人多元转变。很多迹象表明,我国政府也开始认可并支持社会治理主体的多元化。现代社会的治理目标是促使社会实现公平、公正及发展的可持续。然而,当前中国还有很多弱者,他们很难和社会中其他人一样享受现代社会发展的成果,这类群体需要社会治理主体给予特殊关注。因此,如果说贫困村灾后重建需要更多主体的参与,那么现阶段中国社会治理主体的扩展和受灾贫困村的特殊身份就决定了这种参与的可能性和必要性。

从实际情况看,灾区贫困村农房、基础设施等极其脆弱,很难抵挡灾

害的破坏。面对灾民的巨大损失,单靠政府的支持和灾区群众的自力更生很难实现快速、系统重建。在这种情况下,市场、社会组织和其他群体的辅助支持显然会加快推进重建,提升重建效果。不过市场和社会组织参与贫困村重建,在策略、方法及支持对象的选择上应当凭借自身优势,发挥自身特长,以提高行动效益。比如,一些农产品加工企业在灾区兴建工业基地,既保障了灾区农产品的销售,降低了农民销售农产品的运输成本,又实现了企业的经营效益。企业以这种方式恢复重建灾区,对灾区的长远发展都是很有益处的。

贫困村灾后重建政策内容除以上几点外,还要提高贫困村减灾防灾能力。由此,增强建筑物抗震级别,优化贫困村产业结构,通过宣传教育、救灾演练等形式,提升贫困村抵御灾害的综合实力,自然也成为重建中各级扶贫系统关注的焦点之一。由于灾后重建时间紧,资源相对有限,防灾避灾机制建设只能在部分项目村重建中开展。不过,由于国务院扶贫办灾后重建办围绕灾后重建与防灾减灾的议题开展了多次培训会,贫困村防灾减灾机制建设的重要性已经在扶贫系统的工作理念中生根,进而可能会对他们今后的扶贫方式和内容的选择与调整产生正面影响。

二、贫困村灾后重建的组织与实施

汶川地震灾区贫困村重建范围主要是国家确定的10个极重灾县、41个重灾县中受灾的4 834个贫困村[即四川、甘肃、陕西三省在2001年为实施《中国农村扶贫开发纲要(2001—2010年)》选择确定的贫困村,全国共有15万个]。其中:四川省10个极重灾县、29个重灾县,共2 516个贫困村;甘肃省8个重灾县,共1 811个贫困村;陕西省4个重灾县,共507个贫困村[①]。贫困村灾后重建框架可从管理组织体系、重建实施步骤、重建目标三个维度去解读。管理组织体系形成了从中央到省、市、县、乡(镇)五级协调监管机制。除此以外,在贫困村一级,还专门成立了由村民民主推选的项目管理小组,负责组织实施、监督管理重建项目。按照国务院扶贫办的统一部署,灾区重建严格按照先规划、后实施的办法,坚持科学重建、统筹安排。重建过程要求赋予群众知情权、决策权、监督权等权利。灾后重建的最终目标是让受损农房、村内基础设施、公共服务设施、农业生产设施、产业发展、民主管理、群众自我发展信心及能力基本恢复

---

① 国务院扶贫办贫困村灾后恢复重建办公室:《汶川地震贫困村灾后恢复重建总体规划》,2008年9月。

到灾前水平。

(一)贫困村灾后重建管理的组织框架

贫困村重建管理的组织框架与我国当前的行政管理体系是一致的。一方面,在纵向上,贫困村重建主要由各级扶贫系统具体管理实施,不同层级承担不同的职责;另一方面,在横向上,同一层级的其他部门对贫困村灾后重建又起到支持、配合、监督的作用。由于贫困村灾后重建主要由各级扶贫系统组织开展,因此,对管理组织框架的解析以各级扶贫系统承担的职能为主,兼顾阐述同级其他部门所开展的工作。

1. 国务院扶贫办贫困村灾后重建办。贯彻落实中央领导的相关指示和国务院抗震救灾总指挥部及国务院扶贫办抗震救灾工作领导小组的工作部署;指导四川、甘肃、陕西三省编制贫困村灾后重建总体规划;提出贫困村灾后重建政策建议;适时监督贫困村灾后重建的实施;负责就重建中遇到的新问题、新困难与中央有关部门和三省协调;组织成立专家咨询组,为规划顺利实施、经验总结推广等提供技术支持。另外,国务院扶贫办贫困村灾后重建办也会积极与国际机构、扶贫办下属社团、民间组织商谈,确定合作框架,为灾区争取更多的资源投入。

2. 省扶贫办贫困村灾后重建项目办。落实国务院扶贫办和省委、省政府针对灾区贫困村重建的政策要求;负责全省贫困村灾后重建总体规划的编制;协调落实全省贫困村灾后恢复重建资金;指导市、县扶贫办开展受灾贫困村的村级规划和实施管理;调查研究本省贫困村重建存在的问题和挑战并明确政策建议;制定项目监测和评估指标体系,收集整理规划实施进度数据,通过监测数据报表、文字报告、实地调研等多种形式,对全省规划实施进行监督管理。

3. 市(州)扶贫办贫困村灾后重建项目办。指导本市受灾贫困村重建规划的编制和组织实施;协调市一级涉农部门向贫困村灾后重建的资金和技术投入;负责对本市(州)贫困村规划实施的监督管理与监测数据的收集整理。

4. 县(区)扶贫办贫困村灾后重建项目办。负责编制本县(区)受灾贫困村重建规划方案;指导县(区)贫困村重建的实施和组织管理;协调落实本县(区)贫困村灾后重建资金;协调本县(区)其他部门对贫困村灾后重建资金和技术的投入;处理项目实施过程中出现的各种问题,包含受理贫困村和农户的投诉建议;负责对本县(区)规划实施监测数据的收集整理和重建项目质量、进度的监管;协调相关部门对完工项目进行验收并总结推广经验。

5. 乡镇灾后重建项目工作站。负责编制本地区受灾贫困村重建规划方案；指导贫困村灾后重建项目的组织实施；为贫困村灾后恢复重建提供技术支持；负责对贫困村灾后重建规划实施进行监管和项目的最终验收；收集整理贫困村灾后重建的相关监测信息。

6. 村灾后重建管理小组。直接负责对本村灾后重建项目的组织、协调、监督与管理，需要承担的职责内容较多。村灾后重建管理小组成员由贫困村群众通过大会民主选举产生，其工作职责具体包括：协调县扶贫办、乡镇做好重建工作的宣传；组织群众参与本编制村灾后重建规划方案；处理重建项目中涉及的诸如占地、投工等问题；动员群众参与对项目实施的监督；记录重建过程，上报重建进度数据。

(二) 贫困村灾后重建的具体实施

对灾区贫困村重建实施步骤可从宏观和微观两个层面去阐述。

宏观层面：主要包含两个方面的内容，一个是制定贫困村灾后重建规划，另一个是开展先期试点，为面上重建提供经验指导。对地震灾区的重建，国家要求按照先规划、后实施的办法，坚持科学重建，合理重建。为此，国务院扶贫办灾后恢复重建办公室指导四川、甘肃、陕西三省扶贫办联合编制了《汶川地震灾区贫困村重建总体规划》，该规划确定了三省开展贫困村灾后重建的原则、范围、资金规模、策略、组织框架等。然后，各受灾地区依照总体规划的规定，结合每个贫困村受灾情况和贫困面貌，编制各个贫困村的重建规划。除此以外，出于探索和总结贫困村的重建经验的考虑，三省扶贫系统在国务院扶贫办灾后重建办公室确立的制度框架下，通过竞争评比，选取了部分试点村首先启动重建。试点村恢复重建为灾区贫困村面上重建提供经验借鉴，为扶贫系统、基层干部、灾区群众发扬艰苦奋斗、协作奋进起到一定的模范作用。

微观层面：利用利益相关群众识别扶持目标，引导扶持对象参与制定贫困村发展规划和验收评价项目是21世纪我国农村扶贫工作中主要的工作方法。这种参与式方法具有瞄准目标、增强农民对项目的拥有感、提升农民自我发展能力等作用，能极大地提高扶贫项目实施的成功率和持续效果。这一方式的可行性和有效性，加之扶贫系统在21世纪十年扶贫所积累的参与式工作经验，是灾区贫困村在灾后重建中继续沿用这一方法的原因。按照社区参与式方法的设计要求，项目开展一般历经参与式规划、参与式管理实施、参与式监测与评估等几个关键环节。通常，在规划项目之前，还需要通过参与式方法对一些特殊群体进行识别。这一过程是依赖社区群众制定特殊群众的识别指标体系和规则，而后通过民主选取扶持对象进行的。比如，灾害导致部分家庭陷入贫困，如何确定这些贫困户并给予更多关注和支持，当地扶贫部门就会采用参与式方法。

参与式项目规划是由一系列的具体过程所组成，包含讨论贫困村面临的问题和可能采取的行动；从经济、政治、环境、技术四个维度分析拟定行动的可行性；民主确定项目开展方式；选举项目管理小组并明确职责等。采用参与式方法实施受灾贫困村公共项目的重建工作，与以往只有群众无偿投劳的方式和当前被广泛使用的以工代赈方式开展项目的类型不同，社区参与式具有社区自主的内涵，赋予了让社区自主成立项目实施小组、监督小组，去管理和实施本社区的发展项目的权利。这构成了参与式管理实施项目的主要内容。群众代表、政府职能技术部门联合对项目开展验收评价和利益相关群体制定公共项目后续维护管理制度构成了社区公共项目建设收尾的两个主要部分。技术人员利用专业技能，从客观层面对实施项目质量和相应的资金发生额进行核查，而参与式验收评价主要是从扶持对象的主观态度中寻找项目实施效果的答案。需要特别指出的是，建立完善的公共设施长期维护制度是重建工程结束后另一项亟须开展的工作。在生态环境恶劣、公共设施等级低的地区，如果公共设施不能得到长期、持续维护，一遇恶劣天气，就会遭受破坏。当然，社区参与式的工作方法能激发农民的参与热情，进而能极大提高他们对规划项目的拥有感，为建构维护公共工程的社区自觉奠定了基础。

另外，在项目的实施期间，扶贫办会要求项目管理小组对重建项目内容、实施进度、资金规模、资金使用明细、工程管理责任人及职责等进行公示，这些公示内容是监督小组和其他农民实施监督权的基础，也是参与式方法能够起到效果的前提。

(三)贫困村灾后重建的主要内容

根据《汶川地震灾区贫困村重建总体规划》中"受灾贫困村基础设施、产业发展、民主管理与自我发展能力恢复到灾前水平，基本实现《中国农村扶贫开发纲要(2001—2010年)》目标，为未来发展提高奠定基础"的重建目标，通过专家实地评估分析受灾贫困村的受灾情况和重建需求，国务院扶贫办联合三省扶贫办经过综合考量，确定贫困村灾后重建的主要内容具体包含六类35个子项目。六类项目分别是农户住房、基础设施、产业恢复、能力建设、村级环境治理、公共服务设施。其中，基础设施建设包括村内道路、小型农业灌溉设施、村内饮水设施、可再生能源设施、入户供电设施和基本农田。生产恢复包括开展旨在增加贫困村农民收入的各种生产活动。实用技术管理、劳动力转移技能、减灾防灾能力、健康与环境教育以及村级组织管理能力等方面的培训构成了能力建设的主要内容。

第三节 贫困村灾后重建中的国际合作

经历大的灾害后,受灾地区往往需要很长时间、花费很大代价才能慢慢得以恢复。受灾地区的恢复与重建是一项长期、复杂的系统工程。汶川地震巨大的破坏力、影响的深度和广度历史空前,因此,受灾地区的恢复重建工作必然是一个漫长而艰巨的任务。这一过程需要广泛动员利用多方力量。根据救援主体的不同,如前所述,需要政府、企业、NGO 等社会组织共同参与。从另一角度看,则需要本国力量和国际社会的共同支援。与国际合作开展灾后重建有着诸多好处。国家制定的汶川地震总体规划也明确把这一点纳入重建策略当中。地震发生后,国际社会纷纷慷慨地伸出援手,为重建工作得以更加顺畅有效地开展增添了力量。

一、贫困村灾后重建进程中开展国际合作的意义

(一)全球化灾害治理推动国际间合作互助

全球化是一种结果,更是一种过程,一种趋势。在全球化的趋势下,灾害也不再是某一部门某一个区域性的灾害,而成为人类共同面临的、全球性的问题。灾难不分国籍,随时都可能发生。在自然灾害面前,人类作为自然界生存共同体的性质凸显出来。诸如全球变暖、环境恶化、SARS、禽流感、艾滋病等这些危及全人类安危的重大灾害,某一个国家的行动往往难以奏效,需要其他国家行动主体的参与合作,以共同应对[①]。人们逐渐意识到,人类只有一个地球,地球村是人类目前生活的唯一家园。保护好人类的家园,需要各国共同努力。正是有了这种共识,才出现了近年来"一方有难,八方支援"的场面。各国之间的合作不仅局限于灾害发生之后的联合救援,也表现为灾害研究与管理中的相互合作。如对自然灾害发生规律的研究,对应对策略的探讨,以及如何有效预防灾害的发生等,也已成为国际合作的一个重要领域。

另外也应该看到,当今国际间在应对灾害中日益密切的合作也得益

---

① 郭根:《NGO 参与减灾的思考》,载《城市与减灾》,2008 年,第 6 期。

于全球经济发展、科技进步带来的救援能力的提高和相互沟通的便利。这是灾害治理全球化的基本前提条件。

(二)国际合作有助于引进资源,学习经验

汶川地震发生后,日本、俄罗斯、韩国、新加坡、德国等许多国家先后派出了本国最精锐的救援和医疗人员,一批又一批的国际救援和医疗队伍在最短时间内完成集结赶赴灾区展开紧急救援。他们丰富的经验和工作的专业性、组织性和敬业精神令人赞叹不已,同时也凸显了中国与国际救援水平的差距。在这方面,中国的经验积累还远远不够,需要向国外学习借鉴的地方很多。比如,日本由于处于地震频发地区,在长期的应对震灾过程中积累了相当丰富的经验,有着一套完善有效的应对方案和救援机制。

进入灾后重建阶段,中国政府也以开放的心态积极寻求国际合作,借助国际力量推动灾区的重建工作。可以说,汶川地震灾后重建是中国面临的前所未有的最大震灾的重建工作。这就要求相关工作既要立足于中国和灾区的实际情况,也要借鉴和吸取国际灾后重建的经验教训。长期以来,其他国家在同地震、海啸、飓风等自然灾害作斗争的过程中积累了丰富的救援和重建经验。因此,借鉴国际经验,能为此次灾后重建提供科学依据和有效措施,克服灾后重建工作中的盲目性,避免走弯路[①]。

巨大的灾难把世界与中国更加紧密地连在一起。中国需要借助世界文明的力量来共同面对灾难。现在的中国已不是30多年前唐山大地震时那个与世界还未相融的国家。中国不但对一些遭受灾难的国家给予援助,同时在中国发生自然灾害的情况下,对外国政府或 NGO 给予的救助资源也予以响应。加强与国际组织的协调联系,充分利用国际资源是中国政府于震后对待国际力量的明确态度。国际合作不仅为灾区和灾民提供资金和服务,更为重要的是可以借此引进国外在灾害管理领域的先进理念和方法。灾后重建需要强有力的科技支撑与技术服务,涉及大量的技术性问题,包括灾害损失评估、城乡规划、城市综合减灾、建筑防震等。因此,引进国际上先进的科学技术和仪器设备,利用国际资源协助灾后重建,最终能推动救灾技术的进步和管理制度的创新。另外,汶川地震灾后重建面临的更大挑战是制度建设,如 NGO、企业、社区、受灾群众等力量在内的参与制度。关于这

---

① 北京国际城市发展研究院:《汶川地震灾后恢复重建借鉴国际经验的若干建议》,载《领导决策信息》,2008年,第30期。

些方面,中国也从国际力量参与援助行动中有一定体会。

(三)国际合作有利于推广本国经验,提升国家形象

在国际合作的过程中,中国不仅是被救助的对象,同时也在合作中成为别人关注的对象。在中国学习国际上的优良经验的同时,国际社会也在参与过程中得到学习锻炼并从中国抗震救灾行动中有所启示。一方面,无论是国外政府、国际NGO还是外资企业,在共同参与灾后重建的过程中一定能够从中有所收获;另一方面,中国也可以与他们直接合作,通过对救灾重建行动进行研究并总结出好的经验做法,向外推广,为全球灾害管理理论作出贡献。

在全球化的背景下,有学者提出灾害外交的概念。灾害治理中的公共外交为国家共同合作提供了契机,同时也是塑造国家形象的重要途径。汶川地震后,中国政府对源源不断的国外救援队和救援物资等国际救援表示欢迎和感谢,并允许国内外记者进入汶川灾区,这种开放的心态得到了国际社会的一致赞赏。同时,推行信息公开、倡导以人为本、政府反应迅速、公众积极参与等,这些构筑了汶川震灾治理中中国公共外交的新亮点,提升了中国政府的国际形象[①]。

二、贫困村灾后重建中的国际合作实践

汶川大地震刚发生时,各国的救援队伍从四面八方赶来,投入大量人力物力,给予灾区极大的支援。随着紧急救援的结束,漫长的灾后重建开始,中国也开始考虑在救援人员离开后,国际社会应如何有效且合适地发挥长久的作用,这同时也是国际社会在思考的问题。在双方共同努力协作下,针对汶川地震灾后的重建工作尝试开展了众多的合作项目,涵盖多个领域,给灾区带来了重要的影响。

2008年7月,紧急救援刚告一段落,中国商务部与联合国驻华代表处即举办了"地震灾后重建国际经验研讨会"。来自日本、英国、印尼、巴基斯坦等国的专家学者出席研讨会并详细介绍了灾后重建的国际经验,包括重建中应考虑可持续因素、就业及民生等地方经济秩序恢复、公共服务恢复等。据悉,这是中国政府第一次选择与国际社会合作解决震后重建过程中出现的问题。国际专家学者们及时与中国共同分享灾后的重建经验,帮助中国克服困难,有助于灾区尽快恢复正常的经济社会秩序。

---

① 肖建华:《公共外交与灾难治理——汶川震灾治理启示》,载《中南林业科技大学学报》(社会科学版),2008年,第3期。

除了理论经验的介绍,国际组织还积极投身于重建的实际行动中。为了有效应对灾害影响和开展贫困村灾后恢复重建,国务院扶贫办、商务部和联合国开发计划署(UNDP)2008年签署了"中国四川地震灾后重建暨灾害风险管理计划"项目合作协议。该项目为贫困地区恢复计划和弱势群体提供帮助;利用其资源和专业技能积极影响和改善中国政府地震后恢复和重建计划的执行;寻求和提出一个村级灾后恢复综合计划,包括住房、生计、就业、社会和心理恢复以及社区机构恢复等;通过安全建设、更好地利用土地资源计划以及各部门应对灾害的准备工作来减少风险;与联合国其他机构、NGO以及公民社会组织等合作,利用各个机构的优点和特长,利用联合国组织的资源,最大限度地从恢复计划中取得收获;在执行此计划的过程中发展其自身内部执行计划及减少灾害风险的能力,使其能够长期解决中国问题;以灾区评估结果为基础制定以事实为依据的干预计划,将少数民族地区的文化差异、男女的需求差异以及孤儿、老人、残疾人和其他弱势群体纳入到考虑范围之内;在减少灾害风险方面促进两性平等[①]。

另一个在灾区重建中有影响的国际组织便是乐施会。乐施会是第一批进入灾区开展救援的国际NGO,也是第一家与国务院扶贫办正式签订合作协议,成为中国政府层面认可的从事地震灾后重建的国际NGO合作伙伴。乐施会在灾区的重建工作规划系统明确,将在四川、甘肃、陕西三省受灾地区选取一批贫困项目村开展重建工作,集中在小型基础设施和恢复生计等领域。截止到2010年6月,乐施会已经成功完成了多个重建项目。对贫困村的道路、水利、小型基础设施建设等的恢复提供了一定帮助,改善了当地村民的生产生活,也对贫困村的脱贫和抗灾能力的提高起到一定作用。可以说,乐施会的介入,是国际合作开展灾后重建的较为成功的案例。乐施会在贫困村重建的具体合作框架和举措将在下一节做详细介绍。

第四节 乐施会与扶贫部门合作推进贫困村灾后重建

在灾后项目村重建中,乐施会援助的项目不会集中用来发展贫困村

---

① 具体参见《国际合作拓宽灾后重建疆域》:http://www.farmer.com.cn/wlb/nmrb/nb7/201006040067.htm。

的少数农户,因为这在乐施会看来会形成新的不平等,与乐施会的"公平、公正"的组织理念相违背。但同样乐施会也不会将资源在目标村农民之间进行平均分配,这是因为在资源有限的前提下,绝对平等就是绝对低效,起不到实质的扶贫效果,这同样是旨在发展中消除农村贫困而非简单地帮助绝对弱者解决临时性生存危机的乐施会所不认同的。总体而论,乐施会与扶贫系统合作开展汶川地震灾区贫困村恢复重建项目建设,是紧紧围绕着公平与发展两个原则来展开的。

一、合作项目的范围

乐施会在参与汶川地震灾区贫困村灾后恢复重建前,已在国内与政府部门合作开展了救灾、防灾、灾情评估、扶贫、环境治理等多项公益性活动,培养了一批知识结构专业、熟知中国乡土文化、了解政府组织模式和现行政策的项目管理人员。与政府合作的历史经验和机构人员好的素养为乐施会与国务院扶贫办合作开展灾区贫困村灾后恢复重建创造了有利条件。

5·12汶川地震后不久,乐施会一面组织人员深入灾区一线,对部分灾区开展灾情评估、需求评估,一面动员社会力量,集结社会资源。评估结束后,乐施会与四川省扶贫办、团委等合作将灾区急需的物资送到受灾农民手中,富有成效地解决了一部分农民的生活急需物品短缺问题,展现出专业NGO快速反应、机动灵活的特点。2008年9月,汶川地震紧急救援宣告结束,灾区转而进入了重建阶段。为在更大范围、更为快速和有效地帮扶灾区群众摆脱阴霾,乐施会与国务院扶贫办合作在四川、甘肃、陕西三省分两批,每批40个村,每村平均援助100万元开展贫困村灾后恢复重建工作。项目村选点范围定在《汶川地震贫困村灾后恢复重建总体规划》规定开展重建的10个极重灾县、41个重灾县中有扶贫任务的4 834个村。其中四川省39个县,2 516个贫困村;甘肃省8个县,1 811个村;陕西省4个县,507个村。截止到2009年底,乐施会与四川省扶贫办合作的两个批次共计40个项目村已经选定并相继步入建设,这些村主要分布在四川省的广元市、绵阳市、巴中市、德阳市、雅安市等极重灾区和重灾区。

二、合作项目的组织与协调框架

乐施会是第一家与四川、甘肃、陕西三省扶贫系统正式合作,在灾区开展贫困村恢复重建的NGO,尽管乐施会有过与政府合作实施项目的经验,但与扶贫系统如此大规模的合作还实属首次。从扶贫系统角度来看,各级扶贫部门尤其是市县一级部门更是缺少与NGO合作的历史经验。经验的缺乏对双方的顺利、有序互动产生很大挑战。另外，贫困村灾后重建是一项系统性、复杂性和紧迫性很强的任务，这需要有更完善、灵活的协调管理体系去应对。面对以上两个挑战，如何高效、有效保证乐施会与各级扶贫部门和贫困村群众衔接，确保不同参与主体的资源利用最优，是作为合作双方在项目启动前就需要深入探讨和分析的问题。乐施会与扶贫系统合作开展项目村灾后恢复重建涉及的项目管理主体比较多，有国务院扶贫办、省级扶贫办、县级扶贫办、乡镇及村项目管理小组等。不同的主体管理项目的策略不同，拥有的资源也不同。一个科学的项目管理结构是能让每个项目管理主体都能恰到好处地发挥自身力量，实现资源投入的产能最大化。因此，乐施会与扶贫系统应当构造出尽可能让每个主体都能发挥力量并能对一些突发事件做出灵活处理的组织管理模式。为了达到上述目的，针对项目村重建，乐施会和扶贫系统建立了多级项目管理组织，而且合理划分每个小组的具体职责。具体内容包含：

1. 合作项目协调小组

合作双方在国务院扶贫办一层专门成立了项目协调小组，该小组是协调监管项目村项目开展的临时性组织。小组成员由国务院扶贫办负责汶川地震灾区贫困村重建日常工作的人员、四川、甘肃、陕西三省负责省内灾后重建的人员和乐施会工作人员组成。职能包含：负责对合作项目的指导、检查、监督等；研究项目推进中遇到的重大问题并协调解决；总结和推广项目开展中成功的经验和模式。围绕以上几个职责内容，项目村项目协调小组不定期召开小组协调会议并研究和讨论如何将以上职责具体落实。

2. 省级项目办

省级项目办主要负责对本省内项目村重建规划开展的协调与监管。为加强对项目的监测管理，确保乐施会与扶贫系统之间的合作顺利，四川、甘肃、陕西三省专门安排一名合作项目协调员。项目协调员是处理项目问题和跟进实施进度的主要责任人，是乐施会与扶贫系统联系沟通的桥梁。协调员能够利用行政权力对体系内人员发出行政指令，这是保证乐施会和项目村所在县扶贫办之间顺利合作、高效处理项目推进中遇到的问题的关键设置。四川、甘肃、陕西三省项目协调员的职能包含：协调乐施会与县扶贫办选择项目村；对项目村重建规划和相关制度的建立提供指导；适时开展实地考察；发现规划项目推进中遇到的问题并与乐施会商定解决办法;监督管理合作项目运行;对项目村项目进行验收评价并总结经验。在以上的几个职责内容中,发现并总结项目开展遇到的各种问题是协调员的主要责任。协调员对处理这类非常规事件是比较有利的。一方面,协调员有充分的时间,通过灵活支配自己的权力资源挖取项目开展中的问题;另一方面,协调员能将问题以最快的效率反馈到双方的管理层,力求通过管理层之间的对话处理这些事件。当然,项目协调员也能依靠自身特殊的角色去洞察项目管理运作过程,研究和总结项目管理模式中不合理的地方,然后提出模式微调方案,以推进管理模式的优化。另外,与合作项目协调小组不同,省级项目办会定期与乐施会就项目开展遇到的挑战交换意见。双方的互动也会具体探讨某些项目点重建存在的困难,以求有针对性和有效地解决难题。双方领导层定期召开座谈会的管理办法对处理项目推进中遇到的问题很重要,关于这一点还将在项目实施与监管一章中详谈。省级项目的职责设置体现了项目管理模式的灵活性,对双方的合作起到很好的黏合作用。

3. 县级项目办

县项目办是乐施会与省扶贫办了解项目运行情况的主要联络对象,也是监督和管理项目村项目运行的重要责任主体,承担直接管理、监督项目实施的重要职能。乐施会与县扶贫办签订法律文本协议,明确双方权利义务,以使合作双方的职责和权利规范化。项目村所在县扶贫办承担的职能有:协调国务院扶贫办、省扶贫办、市扶贫办及乐施会实地规划和考察项目;协助村项目管理小组进行项目规划、实施、监测与评估;编制项目建议书,签署项目协议;监管项目实施质量;管理资金并拨付到项目点;提交项目中期实施进度、财务进度和项目完成报告;协助乐施会开展财务审计等。

4. 村级项目管理小组

主流扶贫理念认为,培养社区自主发展能力对促进社区可持续发展是有效的。在多年的扶贫行动中,扶贫的实践者们从重资金投入、技术支持逐渐向以项目为载体,以社区自我管理、自我组织、自我发展的能力建设为目标的扶贫方略转变。这一指导原则和与之相对应的一套操作模式,即参与式学习方法在项目村重建中被应用。而乐施会也是这一方面的倡导者和实践者之一。乐施会支持贫困村通过民选成立项目实施管理小组、财务管理小组、材料采购小组和项目监督小组,并指导各小组承担不同的且相互制衡的职责。村级项目管理小组从起初的项目规划、材料采购,到中期的组织实施、矛盾调解、财务管理、项目监督,以及收尾阶段的验收评估等各个环节都是以主体的身份出现,农民的话语权、决策权、监督权等权利在每个阶段中都能得到一定落实。在乐施会看来,这是实现群众发展能力提升和主体意识塑造的途径,是贫困村组织能力、相互协作能力增强的方法,也是其援助目标的重心。

三、项目村恢复重建内容

参与式方法是乐施会参与贫困村扶贫和贫困村重建的主要方式。按照参与式方法的要求,社区重建内容主要由社区群众民选产生。民众初选的规划内容在被考核与项目村的内外部经济、政治、技术和生态环境四个维度相适应后,就会被确定为资源投入目标。换言之,乐施会参与合作的贫困村灾后重建内容并不是整齐划一的,不同的贫困村或许面临不同的困境,就会有不同的发展需求。参与式方法就是一改以往由外部主导规划、监管项目的局面,强调立足于社区的实际情况和实际需求,从农民的视角来认识社区面临的困难和拟定资金投向,力求找到并解决农民最急需解决的问题,实现资源的优化配置。当然,这并不意味着乐施会援助项目的内容无章可循。灾区贫困村重建项目内容是与国家重建政策及贫困村经济、自然、人文等环境相对应的,这些内外部环境决定了乐施会参与贫困村重建的内容主要集中在基础设施、产业恢复、能力建设以及生态环境四个方面[①]。比如,虽然贫困村群众对农房重建和维修的需要强烈,但因为国家在这一方面出台了专门的政策予以支持,乐施会就没有必要再投入;再如,如果我国农村的基础设施条件比较完善,乐施会的资源可能便在社区能力提升等软件建设方面有所体现。专栏2-1就乐施会支持贫困村恢复重建的项目做了分类介绍。

专栏 2-1　乐施会参与贫困村灾后恢复重建项目概述

1. 基础设施项目

乐施会在贫困村灾后恢复重建过程中非常关注基础设施项目建设,

[①] 尽管乐施会有文件规定,它们参与灾区贫困村灾后重建项目的内容限定于小型基础设施、农村生计、生态环境改善四个方面,但是本文并没有从这一角度说明乐施会的援助项目内容,而是从贫困村的内外部环境的角度推导出乐施会的项目主要集中于上述四个方面。这样做的目的是为了实现乐施会的工作理念和方式的始终一致性。不过,通过笔者参与了解,项目村重建项目内容的确是通过参与式方法确定的,而且确实主要集中于这些方面。因此,与其说乐施会援助项目内容是由机构起初所拟订,还不如说是采用了某种技术手段去规划贫困村重建项目的客观产出。

因为基础设施是村民进一步发展生计项目的前提。如：在第二批项目村基础设施项目建设中,乐施会完成投资1 123.927万元,占乐施会已投入资金的97.26%①。乐施会支持建设的贫困村基础设施项目类型主要有：灌溉渠道、机沉井、人饮管道、供水站、人饮池、人工井、村级道路、入户道路及院坝等项目。

(1) 安全饮水工程。在一些贫困山区仍然存在人畜饮水困难问题。地震以前,有些地区水源匮乏,仍利用水窖储存雨水。在乐施会的组织协调下,这些村的村民通过民主表决,要求建立安全饮水工程以解决人畜饮水难问题。针对安全饮水工程的实施,乐施会及其合作伙伴一般会邀请水利局相关技术人员对实施过程进行指导。这些技术人员在收集整理贫困村的地形地貌、水文地质、气象特征、水资源的开发利用等基本资料并征求村民意见后,会编制相应的项目实施方案。在工程实施过程中,乐施会以及在村级成立的项目工作组会通过跟班作业、现场验收的办法,确保工程质量的达标。

(2) 道路建设。贫困村之所以贫困,其主要原因之一就是交通不便。在汶川地震后,许多贫困村的村级公路被损毁,使他们的交通处于瘫痪状态。在灾后重建过程中,如果没有通畅的交通,运送材料都相当困难。从发展的角度而言,后续的生计恢复与发展也需要便利的交通,因此,修路成为村民的共同意愿和选择。贫困村的道路建设整合了乐施会、扶贫办、交通局以及村民的资金。项目工作组通过招投标选择合适的工程队进行施工,项目实施小组对施工队的工作过程进行监管。为了节约资金,增加村民对道路的拥有感和认同感,乐施会一般会建议村项目工作组动员村民进行投工投劳。

2. 生计项目建设

生计项目建设也是乐施会参与贫困村灾后恢复重建的重要方面。生计项目的发展是贫困村脱贫致富的重要途径。总体来看,灾区贫困村生计项目产业大体分为两类：

(1) 传统农村家庭养殖业。在灾区贫困村,几乎家家户户都或多或少饲养一些牲畜,如土鸡、鸭、猪、牛、黄羊等。喂养这些牲畜的饲料主要是地里生产的粮食。饲养这些牲畜的农民家庭每户都有一个煮饲料的大锅,他们一般早晨六点左右起床做饲料,一次做上一整天的分量。从事这

---

① 四川省扶贫办：《四川省扶贫办贫困村灾后恢复重建第二、三批试点村项目进度报告》,2010年5月。

项工作的主要是农家妇女。这种传统养殖方式养殖出来的鸡、鸭、猪等牲畜,生长较慢,部分用来自家食用,有剩余就卖到市场上。因为很多农民都具备养殖这些牲畜的能力,因此对这些传统的家庭养殖业给予资金、技术、市场等方面的帮扶,尤其是关注贫困户和弱势群体于这方面的发展成为乐施会支持的生计项目的重点。例如乐施会的"成都震区贫困母亲爱心互助生猪养殖"项目。在这个项目中,乐施会给没有生产启动资金的家庭予以资助,帮助他们发展生猪养殖。成都市妇联负责规划和实施项目,并向乐施会提交项目评估报告。乐施会除提供资金外,还对该项目进行全程的监督和指导。同时,乐施会帮助村民成立项目管理小组,负责购买猪仔、饲料和确定生猪销售的合作方式,代收和管理爱心基金,监督和检查项目受益人的行为以及与乐施会、妇联的沟通协调。

(2) 种植业。乐施会也会帮助贫困村发展种植业。对产业类型的选择一般遵循两个原则,一是发展的产业要与当地的自然规律相符,产出的产品能有销售渠道,且有一定的利润空间。这一原则的依据一是产业发展要符合一般自然规律和经济规律;另一个是要尊重农户的意愿,确定支持的产业类型最好是农民自己选取的结果。而这一原则所遵循的是乐施会一贯倡导的赋权原则。乐施会不支持将资源集中用于支持少数农户,一般情况下,他们会尽力发展那些能让贫困村大多数农户受益的项目,并且帮助农民建立村经营组织,以增强种植户抵御自然和市场风险的能力。

当然,不同的贫困村发展的生计项目可能不同,但从实际情况来看,乐施会在灾区贫困村开展的生计项目建设主要集中于以上两种。

3. 能力建设项目

俗话说:"授之以鱼,不如授之以渔。"乐施会在参与贫困村灾后恢复重建中非常重视贫困村的能力建设,它认为仅仅向贫困村投资改善其基础设施和村民生存环境是不够的,要使村民真正富裕起来,还得培养和发展村民自身的能力,开发村民脱贫致富的潜能。

市县扶贫办和乐施会在能力建设项目上的意见是一致的,并且双方都认为是有必要的。市县扶贫办联系农、林、水、电、牧、渔等相关县级业务部门的技术人员到乡、到村进行专门培训,培训的目的是为了改变贫困村传统的生产、生活方式,加快贫困村灾后恢复重建进程。乐施会支持的能力建设培训倾向于帮助绝对贫困户、低收入户和特重灾户增强能力。培训对象需要通过召开村民代表大会进行推选。培训的时间一般而言是两个月,根据培训的项目不同,培训的时间也会灵活调整。培训的资金来自乐施会、政府以及相关的专项资金,这些资金分别用于误工补助、伙食补助、交通费、技术指导补助、购买教材和示范器材等的花费上。培训的内容主要包括:饲养生猪、黄羊等养殖技术;种植茶叶、核桃等种植技术;安全用电;安全使用沼气;防灾抗灾知识;安全饮水知识等。培训的方式也比较灵活,通常多是技术人员去贫困村进行专场培训,并对有些项目的操作进行现场示范。培训结束后还会组织培训对象参与结业考试。考试方式不是固定的,具体根据项目而定。为了强化培训对象接收新知识、新技能的积极性,乐施会规定培训的村民技术能力合格后才能报销培训费用。在培训过程中,乐施会委托市县扶贫办要求培训教师结合各自行业实际情况,制定出切实可行、操作性强的培训方案,备好课,保证培训有序进行。市县扶贫办也会积极履行督查职能,派专人跟踪督查,让参加培训的农民真正学习好技术,实实在在掌握一门或多门实用技术,为贫困村的灾后重建服务。

总体来看,培训得到了村民的认可和支持。有些村民反映,通过培训确实学到了一些技术,为以后发展养殖、种植业等储备了知识,并且还和一些授课教师建立了长期的联系,这为他们以后在发展产业中遇到技术方面的问题,能够得到及时指导提供了便利条件。当然,能力建立项目也存在一些问题:从村民角度而言,一些村民由于自身的文化知识不够,不能很扎实的接受培训知识,还有些村民因为农活较忙经常旷课。从培训教师角度而言,由于他们有些教授方式过于理论化,与实际结合不够,导致村民感觉培训枯燥无味,使培训仅仅流于形式。从扶贫办工作人员来看,有些工作人员并不能起到严格监督和及时协调作用,没能及时地发现问题做好反馈,这可能会导致培训不能达到预期的效果和目的。

4.村级环境整治项目

所谓的村级环境是指人类集聚或居住的生存环境,特别指人类因各类生产、生存活动需求而构筑空间、场所、领域等的自然环境和社会环境。村级环境的核心是"人",其整治的目标是"人类的居住条件",也就是以保护、改善、完善良好的自然环境为基础,以创建适宜和谐的以人为核心,以人类生存发展和各类活动为中心,以建筑物及其附属设施规划、建设、管理为载体,以基础设施建设和能源建设为保障的人类聚居的社会环境为最终目的一系列的科学的、规范的、系统的各项整治活动。

乐施会项目官员在实地调研中了解到贫困村村容村貌普遍存在一些"脏、乱、差"现象,影响了村民的生产、生活,因此,乐施会也将村级环境整治作为贫困村灾后恢复重建的一个子项目。有效治理乡村居住环境较差的现状,改善人居环境,营造良好的村容村貌总体效果,达到村容整洁,也是与现阶段中国政府倡导建设社会主义新农村是一致的,这就使得乐施会与政府在村级环境整治方面有了合作的意向和基础。

通过运用参与式方法,乐施会参与援助的村级环境整治的主要内容包括:环境卫生与污染治理和沼气池项目建设。

(1)环境卫生与污染治理。贫困村由于生活习惯较为传统,普遍存在生活垃圾乱扔、粪便污水、养殖业污水、生活污水乱排现象,贫困村村民的生活方式亟待改善。其实,村民也意识到这一点,因为经济条件以及其他一些因素的限制,使得这种状况迟迟得不到改善。在这次灾后重建过程当中,乐施会引导村民积极改变生活方式,并投入专门资金用于改善环境整治的硬件条件,包括在贫困村建垃圾池,用于专门处理生活垃圾;建立相应的排水管道系统,对污水进行统一处理等。

(2)沼气池项目建设。地震以前,贫困村村民多以烧柴做饭、取暖,只有很少部分的富裕农户使用电器做饭、取暖。他们平时上山砍柴,日复一日,山林植被遭到严重破坏,影响了生态平衡。同时,由于每日都需要上山砍柴,消耗了大量的家庭劳动力。乐施会根据以往项目实施的经验,引导村民们建沼气池,用以做饭、取暖。贫困村的村民有养家畜的习惯,这样就可以利用家畜的粪便生产沼气。在村民自愿的基础上,乐施会对建沼气池的农户进行相应的资金补贴,以鼓励他们利用新能源。县扶贫办及村项目工作组通过招标的方式联系建沼气池的公司,并与建沼气池的公司签订合同以保证建造的沼气池质量。

总之,村级环境整治项目的实施会使贫困村村容村貌得到一定的改善,但其中也存在一些问题,比如村民以前形成的生活习惯和观念在一些设施安装以后仍会延续,而人的观念和传统行为方式的改变却需要一个漫长的过程。其中所存在的矛盾显然会影响到项目的实际执行效果。

第三章 项目村的选择

项目村是在各级政府、乐施会的多方参与下,依据事先制定的项目村条件和标准选择而产生的。在选择区域广、选择时间紧的前提下,挑选出符合合作项目需要、有一定代表性的村庄具有一定难度。扶贫部门自上而下的组织体系为高效选择村庄奠定了基础。同时,乐施会成熟的项目评估方法和丰富的实践操作经验为科学遴选项目村提供了有力支撑。具体操作过程中,项目村的产生历经确定项目村遴选范围和条件、备选村的选择、项目村的初步筛选、实地访点、项目村的确定等环节。

第一节 项目村遴选范围和条件

一、项目村遴选范围

项目村在《汶川地震贫困村灾后恢复重建总体规划》所涵盖的村庄中选取,即从国家确定的汶川地震灾区 10 个极重灾县、41 个重灾县中有扶贫任务的 4 834 个村中选取。其中,四川省有 10 个极重灾县、29 个重灾县,共 2 516 个贫困村(表 3-1)[①]。

表 3-1 规划区市(州)、县(市、区)及贫困村分布

省份	市(州)	县(市、区)		合计(个)	规划村(个)
		极重灾县	重灾县		
四川省	成都市	都江堰市、彭州市	大邑县、崇州市	4	86
	德阳市	绵竹市、什邡市	旌阳区、中江县、罗江县、广汉市	6	273

---

① 国务院扶贫办贫困村灾后恢复重建规划工作组:《汶川地震贫困村灾后恢复重建总体规划》,2008 年 9 月。

续表

省份	市(州)	县(市、区)		合计(个)	规划村(个)
		极重灾县	重灾县		
四川省	绵阳市	平武县、北川县、安县	涪城区、游仙区、梓潼县、盐亭县、三台县、江油市	9	505
	广元市	青川县	剑阁县、利州区、朝天区、元坝区、苍溪县、旺苍县	7	675
	雅安市		宝兴县、汉源县、芦山县、石棉县	4	157
	阿坝州	茂县、汶川县	理县、黑水县、松潘县、小金县、九寨沟县	7	517
	南充市		阆中市	1	137
	巴中市		南江县	1	166

二、项目村遴选的条件和标准

合作项目是在各级政府扶贫部门和乐施会共同支持和参与下实施开展的。扶贫部门和乐施会从各自的角度提出了项目村遴选的条件和标准。

国家和省级扶贫部门提出的项目村遴选条件和标准为:(1) 贫困程度较深、受灾程度较重;(2) 贫困类型、地貌与生产方式具有代表性;(3) 村两委动员组织能力强;(4) 社区在重建中得到的外部资源扶持相对较少;(5) 交通相对方便。按照要求,对备选村的选择必须坚持公开、公平的原则,通过多方参与评审、竞争评比的形式确定。为提高选点的科学性,保证选择的项目村真正具有代表性,各县(区)扶贫办须按照项目村总数的150%提交备选村名单,如四川省第一批项目村数量为20个,各县(区)须上报共30个备选村。

乐施会提出的项目村遴选条件和标准为:(1) 贫困程度,用贫困人口数占村总人口数的比例即贫困发生率衡量;(2) 受灾严重程度,用农房重建户及维修加固户占村总户数比例和道路、灌溉设施、人饮设施、农田损毁情况等指标衡量;(3) 社区群众参与项目管理的能力及积极性,用实施公共项目经验、处理村民利益纷争能力、已建项目的后续维护状况等指标衡量;(4) 村两委班子组织群众参与规划、管理、实施、监测项目的能力;(5) 项目村所在县扶贫办对采用参与式方法实施项目的熟知度;(6) 社会性别平等意识程度,用女性在项目规划、管理、实施、监测各个环节的参与度衡量;(7) 社区产业基础及发展前景;(8) 项目建设方式。小基建项目建设一般包含外包、包工不包料、村民自建三种形式①。乐施会倾向于支持采用后两种方式实施项目,主要原因是乐施会希望通过群众参与提高村民对项目的拥有感,增强村民管理、实施项目的能力,进一步提高村民互助、合作的意识,培养群众自力更生的精神。当然,对技术含量高的项目或劳动力极为短缺的村,也可以采用外包的形式建设。

实际上,扶贫部门和乐施会关于项目村遴选条件和标准的认识总体上是一致的。通过采用参与式方法规划、实施、管理、监测项目,改善社区面临的困难,解决遏制农户发展的瓶颈,促使灾区贫困村生产生活恢复到正常状态,推进贫困人口能力提升,进而步入可持续发展轨道,是双方共同的目标。相对而言,乐施会对项目村的要求更细致,更具体。比如,乐施会将项目实施对社区社会性别平等意识所起到的推动作用明确作为考察标准,特别重视女性在项目开展中的参与;在小基建项目实施方式上,把村民自建和包工不包料放在优先位置,重视将项目实施过程作为社区动员和能力建设过程。在贫困村灾后重建项目中,扶贫部门也倡导采用村民自建方式实施村内基础设施以及公共服务设施项目。但在遇到村庄劳动力短缺、农户发动困难等问题时,政府扶贫部门常常难以将这些理念深入切实地贯彻下去。特别是中央政府提出灾后重建三年任务两年基本完成的要求,各级政府都将时间进度纳入到年度考核指标体系之中,自建项目所需时间长,效率低,这更影响到扶贫部门在村庄恢复重建项目中鼓励和支持采用自建形式的积极性。

第二节 备选村的选择

备选村的产生是在县(区)扶贫办具体组织、其他部门支持协作下,由贫困村代表提出参选竞争意愿,通过评委团打分后由高至低排序产生。以四川省贫困村灾后恢复重建第一批项目村备选村产生过程为例。县(区)扶贫办一般会根据上级主管部门和乐施会的要求,结合本县(区)实际情况进一步细化项目村遴选条件,明确该县(区)项目村标准,并编制竞

---

① 外包是指项目通过招标,直接由中标的专业工程队实施的建设方式。包工不包料是指中标的工程队负责提供专业的技术,具体管理实施项目。项目实施过程中所需要的水泥、沙土等材料由村民通过选举成立的项目管理小组采购、配送。村民自建是指项目从规划、材料采购、项目实施、后续管理等环节都由村成立的项目管理小组承担。

争评审规则和程序,确定评分标准和评委名单,评选备选村。

一、细化项目村条件

除满足上级扶贫部门和乐施会提出的要求外,一些县(区)扶贫部门为保证项目村的代表性和灾后重建工作的顺利推进,根据本地实际情况提出了额外的条件和要求。例如,阆中市提出项目村应不在乡(镇)政府所在地或市区附近,农户住房建设较快或者基本完成,救灾物资发放和灾后重建进展顺利等要求。广元市利州区强调项目村须具备群众发展愿望强烈,积极性高,村风民风淳朴,有一定产业发展基础和潜力等条件。

二、编制评审方案

评审方案包括评审时间、地点、对象、评审方式、评审小组人员及产生过程、竞选村参与答辩的顺序及竞选村答辩的计分方法等。通常,在制定完评审方案后,需要在社区内提前几天进行公示。尤其是确定评审小组成员的过程中,受益群体的参与非常必要。评审小组成员一般由县(区)扶贫办和农业、交通、水利、畜牧、财政等有关部门以及群众代表组成。参选村代表答辩的顺序采用现场抽签形式确定。

三、评审产生备选村

以项目村遴选条件和标准为根据,各县(区)对参选村进行考察,判断其是否符合条件,是否可以作为备选村上报。例如,阆中市采取打分的办法,具体评分办法为:有坚强的组织保证(15分);恢复重建思路清晰(25分);工作措施具体且具备可操作性(20分);有明显产业发展优势(15分);有广泛的群众参与(20分);现场陈述水平(5分)[①]。打分后,按得分高低确定备选村名单。为保证公平公正,竞争评审一般采取现场打分、亮分的形式,并对评分结果进行公示。

第三节 项目村的初步筛选

通过竞争评审确定备选村后,县扶贫办组织指导备选村形成涵盖该村基本情况、地震受灾情况、贫困程度、发展意愿、发展途径和预期效益等方面内容的文字材料并上报。出于节省时间、资源以及减少对灾区群众生活造成不必要影响的考虑,乐施会与省扶贫办合作,根据遴选标准和上报材料,筛选掉部分备选村,对其余村庄进行实地考察。例如,四川省第

---

① 阆中市扶贫办:《阆中市2009年贫困村灾后重建试点村竞选评审细致》,2009年2月。

一批上报30个备选村,根据文字材料从中筛选出24个村进行实地考察。因此,备选村文字材料的编写比较重要,是对上报的备选村做第一轮筛选的主要依据。如果市县扶贫部门上报的备选村没有纳入到实地考察村的范围内,就意味着该村失去了项目机会。很显然,在这一环节中,存在着这样的可能:有的村非常符合项目要求,但因基层人员撰写材料的能力有限,所提交材料未能全面深入有效地反映村的真实情况,上报到省扶贫办后,在第一轮筛选中被淘汰。

专栏3-1以实例的形式展现了第一轮筛选过程。专栏包含两部分:第一部分为有关备选村的材料,第二部分为有关筛选者对材料的解读和认识。

专栏3-1 备选村的材料及乐施会对这些材料的认识

1. CHW村的材料

CHW村作为四川省贫困村灾后重建规划村之一,属四川省万村扶贫重点村,典型贫困山区村。该村距离城区23公里,全村幅员面积6.24平方公里,耕地670亩,林地763.5亩,辖6个村民小组,共212户806人(其中劳动力471人),人均占有耕地0.85亩。2009年人均纯收入2380元,其中,低于1067元的贫困人口114人。

"5·12"汶川特大地震和持续不断的余震,致使全村人民生命财产遭受严重损失。全村806人不同程度受灾,其中受重灾人口377余人。据统计,此次震灾共造成危房114户486余间;村级公路受损5.8公里,组道受损2.2公里,入户路受损0.8公里;有76口人饮池、井裂缝损毁,造成422人饮用水困难;圈舍损毁139户267间,牲畜损失13头,小家禽损失574只;村活动室、卫生室、村小学教室垮塌、损毁,已不能使用。

CHW村作为四川省万村扶贫工程村之一,先后实施过秦巴山区扶贫世界银行贷款项目、新村扶贫工程、人畜饮水工程、土地复垦项目、贫困村互助资金项目。这些项目的实施一定程度上改善了贫困村的基础设施条件,培养了大量的项目管理人才,积累了一定的项目管理经验,提升了农户的积极性、主动性、能动性。通过积极参与项目的规划、组织、实施、监督等过程,村两委组织管理能力有所增强。

当前,CHW村重建户通过一年多的努力全面完成了农房建设任务,并计划整合资源修复在地震中破坏的基础设施。

2. 乐施会的认识

根据对CHW村上报的材料,乐施会经过细致分析决定把该村纳入到实地考察范围。这一决定主要基于对该村形成的以下几点认识：

（1）贫困程度较深。该村属四川省扶贫村，是贫困村灾后恢复重建规划范围内的村，群众生活、生产条件差，收入水平相对较低。

（2）受灾程度较重。农户农房、社区基础设施、公共服务设施以及其他物质财产遭受严重破坏，经济水平下滑明显，群众生产、生活面临的困难突出。

（3）资金投入后解决社区发展的瓶颈性困难的可能性大。该村离城区距离适中，交通条件相对便利，外部条件较优越，有限的资源解决社区发展的瓶颈性困难的可能性大。

（4）地形地貌特殊，收入渠道相对多样。该村属山区，耕地资源相对短缺，林地资源较丰富，发展种养殖业有基础。这一类型的贫困村在四川比较广泛，有一定代表性。

（5）有实施公共项目的经验，村两委班子组织能力强。CHW村曾实施过世界银行贷款项目、新村扶贫项目。当前，村级互助资金正有序运转。这些项目的实施为社区开展公共工程积累了较丰富的经验，村民参与项目决策的权利意识强，社区实施、规划、管理项目的主动性有较明显的提升。这为项目村恢复重建工作的顺利开展创造了优越条件。

（6）群众发展的愿望强烈。该村较快完成了农房重建，并正计划修复在地震中损毁的基础设施及公共服务设施，这表明该村群众具有坚强、勇敢、自力更生克服困难的务实精神，进而为采用包工不包料和村民自建形式实施公共项目铺设了基础。

资料来源：广元市朝天区扶贫办，《广元市朝天区WA乡CHW村情况简介》，2009年10月。

第四节　实地访点

第一轮筛选后，就进入实地考察的环节。乐施会和扶贫办合作，前往筛选留下的村现场考察。例如，四川省第一批上报30个备选村，第一轮筛掉6个村，留下24个村。这24个村均为实地考察范围。

专栏3-2是实地访点环节的一个实例。从这个实例中，可以了解到实地访点的过程、关注点和具体细节。

专栏 3-2　DY 村访点的例子

2009 年 11 月 24 日下午，乐施会和扶贫办组成的调研组计划对 CX 县推荐的三个备选村进行实地考察。到达 CX 县以后，该县扶贫办与调研组就考察路线、考察内容等事宜交换了意见。

依据 24 日确定的路线，调研组 25 日早晨到达了该县 LD 乡 DY 村。按照计划，工作内容主要包含查看产业种植基地、走访农户以及召开座谈会三个部分。调研发现，DY 村有达 500 多亩的猕猴桃产业区，虽然大部分都栽种不久，但村民对猕猴桃产业充满希望，信心十足。村民对猕猴桃产业的信赖一方面是因为该片区种植猕猴桃历史久远，技术条件成熟，县、乡政府对发展该产业支持强度大，能多渠道为种植户提供服务；另一方面是因为当前猕猴桃市场形势好，价格水平一直处于较高层次，县级相关产业部门通过招商引资成立了猕猴桃深加工企业，销路有保障。

DY 村农户收入主要源自外出务工，其次是种养业，养殖业多以养殖长毛兔、生猪为主。走访一家重建户时，户主向调研组描述了村庄面临的困难。他说，交通不便、水系不通是该村面临的主要问题。地震使地下水源发生变化，以前的水井已经干枯，生活用水需要到 2 公里外的地方去背，缺少年轻劳动力的家庭，正常的生活用水已受到威胁。像他这样的重建户，农房重建完成后已负债很重，无力再集资修复公路、水系。他希望通过乐施会项目的实施，能集中解决行路难和吃水难两大困境。

座谈会上，调研组了解到：DY 村辖 4 个小组，160 户，共 588 人，劳动力 373 人，人均占有耕地 1.34 亩，林地 6.46 亩，土地资源相对丰富；该村在地震中受损严重，农房重建 62 户，维修加固 54 户，部分圈舍在地震中完全被摧毁，牲畜死亡较多；2007 年底，DY 村在村两委的组织带动下，通过群众投工投劳和集资开始着手修建 3.5 公里硬化公路，但突如其来的"5·12"地震使该工程未能全部实施。在讨论项目建设意愿时，DY 村村民代表认为应集中资金和人力，重点整治村道路和改善人畜饮水条件。为使有限的资金发挥最大的效应，村两委及村民代表认为小基建项目可以采用包工不包料，甚至采用村民自建的方式建设，但也有代表考虑到村里剩余劳动力不多，因而对采用这类方式实施项目存在顾虑。

第五节　项目村的确定

实地考察以后,就到了最终确定项目村的时候。依据实地考察所获得的资料,结合扶贫部门和乐施会对合作项目的要求和期待,乐施会组织召开专门会议,通过头脑风暴,深入交流讨论,在取得较广泛共识的基础上最终确定项目村名单。

回顾项目村确定过程,严格遵循拟定环节按步骤推进是基础。整个过程中,政府部门的纵向领导关系和横向协作机制,是高效选择确定项目村的保障。乐施会多年形成的一套工作方法和具体经验,是科学遴选确定项目村的重要条件。首先是村选择的高效性。虽然村选择历经多个环节,经过层层筛选,但总体上来看效率仍然很高。这种效率主要得益于政府体系上下级之间和横向各部门之间有力的行政组织能力。其次是村选择的合理性。在村选择上,乐施会缺乏足够的人力和物力去全面掌握受选对象的信息,如果缩小选择面或者在信息不完整的情况下做出决策势必会影响到选点的科学性、代表性。就此而言,政府的支持仍然是关键。但值得重视的是,若没有一套成熟的工作方法,若不是建立有一支具有丰富社区工作经验的项目管理人员队伍,即使得到政府的有力支持,乐施会要在短时间识别出有价值的信息和问题,仍然是不可想象的。特别是村之间存在竞争关系,每个进入乐施会视野的村均希望说服乐施会,并以此作为提供相关材料的基本原则。

需要注意的是,项目村的选择涉及乐施会、备选村所在县、省市扶贫办等多个利益主体,每个利益主体对合作项目的期待和关注点是有差异的。这一方面为从多角度审视和推进项目村的选择,并促进项目村的多样化提供了有利条件,另一方面也容易导致一些冲突和不协调,或影响到项目村选择的科学性。特别是省级扶贫部门和乐施会是外来者,与基层政府部门及村存在信息不对称问题。虽然有严格的遴选程序和制度,但要完全避免基层政府部门按自己的倾向性干预村遴选的结果,仍然面临很大挑战。一般而言,基层政府部门为了出效果,偏离扶贫济困宗旨,搞"锦上添花"的形象工程的内在驱动力较强。

第四章　村重建项目的准备和规划

村重建项目的准备和规划主要包括三个环节,并依次推进,具体为:对目标村项目管理人员进行项目管理和财务管理培训;规划村的重建项目;编制项目建议书。项目培训重在提升目标村所在县扶贫办和村项目管理小组使用参与式体系技能和编制项目建议书的能力。开展村重建规划旨在为科学编制建议书提供事实依据,而编制建议书是为科学指导项目的实施。项目建议书编制完成并得到审批后,一般情况下,县扶贫办和村项目管理小组不能随意对建议书所阐明的项目建设内容、建设工期、项目预算、管理方案等进行调整。

第一节　培　训

对项目管理人员的培训不仅仅可以提高项目运行质量,而且客观上为乐施会项目管理人员与其合作对象的交流沟通创造了机会。双方在这个平台上的互动增强了彼此互信度,为项目村的有序重建打下了基础。培训的内容包含:参与式村规划步骤、项目实施方式解析、项目管理及财务管理方法、项目的监测评估途径及项目建议书编写要求等。本节主要对培训过程中的一些关键问题进行阐述。

一、项目管理培训

目前,社区参与式方法在农村扶贫开发领域已经广泛推行,参与式学习体系也在实践中得到不断总结和完善。乐施会是国内较早一批采用参与式方法开展社区项目的组织,对参与式有较为丰富的实践经验。因此,乐施会在参与汶川地震灾区贫困村灾后恢复重建工作中,使用的工作方法依旧是社区参与式。

社区参与式方法的开展步骤和策略构成了项目管理培训的主要内容,但乐施会的培训过程不仅仅止步于这些内容的传授,他们还重点向受训对象分析使用参与式方法的深层次价值,即在介绍怎样做的同时,还力求以深入浅出的方式向培训对象解释这样做的理由和意义,以期让受训对象能更深入了解参与式学习方法并将这一方法贯彻落实,确保援助项目能按照预期的路径推进,保障村的重建效果。

(一)"参与"概念

《中国农村扶贫开发纲要(2001—2010年)》颁布以后,国务院扶贫办明确提出新阶段的扶贫开发工作以"整村推进"为主,而在这一时期社区参与式方法作为与"整村推进"相结合的工作思路,也被扶贫系统所采纳和推行。国家扶贫政策调整标志着中国政府的专项扶贫工作走向了一个新的历史阶段。这两种扶贫策略在贫困地区的广泛、快速实践,使得中国农村扶贫开发工作取得了新的成效。不过,与"整村推进"不同,社区参与式方法落实得并不顺利。通过观察发现,有不少基层扶贫部门所推行的参与式与理论上的参与式不一致,有些依旧按照专家或自己的想法规划项目,只给予村民代表一定投票决策权,甚至把"参与"简单理解为投工投劳。出现这些情况的原因,一方面在于基层政府对参与式理念缺乏深入了解,对参与式方法掌握不系统;另一方面由于参与式工作方式需消耗项目管理者大量的时间和精力,同时因政府内部的绩效考核制度尚未落到实处,项目管理人员缺少付出更多行动的动力,这显然会影响到参与式方法的实施效果。[①]

在项目管理培训中,培训专家着重强调了村重建需要利益相关群体参与的两个主要原因:一个属于权利层面,另一个属于实施效果层面。参与本身就是目的,这是乐施会一直所支持的观点。在他们看来,参与和自身利益相关联的决策行动是实现个人自然权利的重要表现。同时,利益相关者的参与也有助于提高项目实施质量和增加建设项目利用效率,增强参与者的自我发展能力和组织能力。一般情况下,作为"外来人"的项目管理人员很难全面把握村的环境以及当地农民的日常生活世界,这不利于"外来人"科学合理地决策村的内部事务。相比较而言,与"他们的世界"朝夕相处的当地人提供的信息也许更可信、更全面、更有价值。比如,在一次生计项目规划中,项目管理人员考虑到山地鸡的市场行情好,当地又有合适的地域条件,于是建议将资金用于饲养山地鸡,但这一"灼见"很快被村民所否决,他们认为,当地老鹰多,如果饲养山地鸡,出栏率肯定会

[①] 如果严格地按照参与式体系开展农村社区项目,单就规划环节就需要至少一个星期的时间。工作量大,工作繁琐也是这一工作方法的特征。不过,实践也证明,相对于缺乏自我组织能力的社区,自我组织能力稍强的社区,项目管理者管理的时间成本要低一些。

受影响,而项目管理人员显然是"忽视"了这一"村情"。再如,在规划村级道路等小型基础设施项目时,哪些地方需要增添堡坎和配备涵管,当地群众都能根据历史经验,给出富有价值的建议。在乐施会援助项目中,这些建议通常都会被工程设计方所采纳。

另外,让受益对象规划、实施、管理与监测项目,对增强他们的发展意识,提升他们的发展能力无疑有显著成效。同时,利益相关者的参与项目建设行动也有助于激发参与者的热情,增强群众对项目的拥有感。这些因素都会对项目建设质量及效果产生正面影响。经过研究发现,有群众参与规划、决策的项目,群众会更加支持项目建设行动,规划得到高效、顺利实施的可能程度更高;有群众参与实施的公共工程,群众自发去维护和管理工程的主动性更强。

除重点培养培训对象的"参与意识"外,培训专家还指出,项目管理人员应摒弃农民缺乏能力的错误认知。他们建议,针对项目村的重建,从项目规划到最终验收各个环节,不仅要有与项目相关的主管部门、技术人员、乡镇工作站、村两委组织的参与,也要有项目村群众,特别是要给穷人和妇女等弱势群众一定的话语表达机会和参与决策渠道,确保利益相关群体在项目村的重建过程中始终都能以主体的身份出现。

(二)参与式规划、管理、监测与评估

项目规划主要包含分析社区基本状况,识别社区需求,对初步拟定的项目进行技术和市场可行性论证,确定拟建项目,民主选取项目实施小组、财务管理小组、材料采购小组、项目监督小组成员并明确职责,制定项目预算,拟订实施计划,编制项目实施方案等。采用参与式方法规划项目的工具有绘制资源图、社区组织结构图,分析考察季节历、社区大事记,开展半结构式访谈、社区问题排序、意愿排序,以及 SWOT 可行性分析方法(专栏 4-1)、构建问题树(专栏 4-2)、召开社区决策大会等。

专栏 4-1　SWOT 可行性分析方法

SWOT 分析方法是一种企业竞争态势分析方法。该分析方法的运作过程是通过对市场运行中的企业的优势(Strengths)、劣势(Weaknesses)、机会(Opportunities)和威胁(Threats)进行罗列与分析,达到帮助企业制订科学与合理的发展计划。后来,一些促进农村发展的组织将这一方法引入到社区参与式方法中,作为分析拟定项目是否能开展或开展存在哪些风险因素的一种分析手段。社区参与式体系中的 SWOT 分析模式是以社区为分析对象,从经济、政治、环境、技术四个维度,分别对社区内部的优势和劣势、外部的机遇与挑战进行全面而深入的分析,继而甄别初选项目的可行性程度和开展风险。SWOT分析方法是一种比较简单的、易于操作的分析工具,它可以通过模型建构,以一种更为直观的形式展示项目开展的内外部条件。实践证实,采用SWOT可行性分析方法来分析项目建设的科学性与合理性是有效的。项目管理小组成员具备依赖乡土文化和自身掌握的信息去罗列社区内部优势和劣势、外部机遇和挑战的能力,然后以此对初选项目进行分析识别。比如,在规划某重建项目时,绝大多数与会群众认为,当地充沛的天然水源适合养鸭子并建议将资金用于发展养鸭业。但是,村里一些有远见的人指出,饲养鸭子会对当地优质的水资源造成污染,而这与该片区的旅游产业发展计划相背离。在经过商讨并综合考虑后,多数群众改变了项目意愿。

专栏4-2　构建问题树

构建问题树是为了让农民更深入和清晰地认识问题产生的真正原因,它有助于农民找到困难产生的根源,进而帮助他们做出更加合理的决策。构建问题树是以"打破砂锅问到底"的方法,力求剥离问题的表面形态,挖掘现象产生的内在要素。这是因为,尽管很多社会现象在不同地区的表现形态是一致的,但实际上形成这种社会现象的原因可能有一定差异。比如,同样是贫困区域,有些地方是因病致贫,有些地方是因为交通不便、市场要素进入成本高而限制当地发展而导致的贫困。针对不同的致贫因素,所采取的应对手段应当有所差别。构建问题树的目的就是能够发现这些原因,让群众更好地认识他们的处境,而后能够有的放矢地找到逃离困境的出口。

寻求利益相关者的看法是参与式监测评估的主要特点。参与式评估项目不仅仅让受益对象参与对项目的评估,还让他们识别并制定评估的指标体系。[①] 参与式监测评估的一个理论前提是承认不同社会地位、经济地位的群体对成功有不同的概念界定,并认为同一项目对不同主体会产生不同的影响。因此,乐施会强调在使用参与式监测评估方法评估项目之前,项目管理人员需要收集不同利益相关者的声音,并以此为依据制定监测评估指标体系及评估的具体操作方式。比如在组织讨论监测评估

---

① 乐施会成都办:《参与式规划步骤和工具》,2009年11月。

指标时,一般要了解妇女和特困户最关注什么,社区其他成员和项目管理成员最关注什么。在制订监测评估办法上,也要考虑当地特殊的传统文化及不同文化层次人群的实际需要。

(三)小基建项目的实施方式

通过培训专家与培训对象之间的互动,分析不同类型实施方式开展小型基础设施项目的优劣,是乐施会开展培训的一个重要产出。需要特别指出的是,乐施会的培训过程一改传统的"传授—接收"的单向教学模式,专家与受训对象的互动是主要的培训方式。在乐施会看来,培训对象既是参与式理念和方法的学习者,也是许多管理方案的建构者。这种教学形式实际上与乐施会的"公平、平等、参与"的理念相一致。参与式理念强调人的公平性,尊重人的人格意识的完整,认为人的创造力、主观能动力在一定条件下能够得到释放,并能对自身和周边相关事物的建构与发展起到有意义的推动作用。乐施会之所以在这个环节采取互动的方式授教,其原因除与上述所说的组织理念有关联外,强化培训效果是其考虑的另一个动因。

在对小型基础设施项目实施方式的优劣进行对比分析时,培训对象结合自身情况,发表了一些"真知灼见",这些意见在专家那里汇集,而专家也会对他们所提出的意见进行反馈说明,进而通过更深入的互动,协商出双方真正认可的结果。对于这些具体负责乐施会援助项目的管理人员来说,不同的施工方式与他们的切身利益相关联,而"历史经验"又能让他们可以结合实际,对不同的施工方式的优劣做出符合实际的解析。

从互动的实际结果来看,乐施会在对待和处理项目村项目管理成员的观点时表现得尤为慎重,这些观点对项目管理办法和项目实施方式的确定构成了一定的影响。在乐施会培训专家的引导下,绝大部分县、村代表认为采用村民自建的方式实施小型基础设施项目,有利于提高农民对项目的拥有感,增强农村社区自我组织能力、自我管理能力、自我发展能力,并能节省建设成本。但他们不赞成让农户无偿投劳。他们认为地震对灾区破坏的强度大,贫困地区、贫困农户遭受的损失更大,地震发生以后,很多贫困户甚至非贫困户因为重建农房和修复村的公共设施而负债累累,生活状况苦不堪言。来自北川的与会人员甚至说"一根稻草会压死一条人命",他认为在大部分农户身负重债的情况下,任何新增负担都会对农民的正常生存产生重大威胁。因此,他建议群众参与项目实施应是有偿劳动,这样既能实现提高个人及村的自我发展能力的目标,同时也能为项目村农民创造临时就业机会,为他们缓解债务压力和改善生活创造条件。除此以外,有些培训对象还指出,采用村民自建的方式不适合那些技术含量高的项目,例如修桥等,这是因为缺乏专业技术将很难保证这些项目的建设质量,继而对当地群众的生命和财产安全形成威胁。根据参训人员发表的意见,结合乐施会过去实施村级基础设施项目的经验,在培训现场上,专家汇总出采用不同的施工方式实施公共工程项目效果的优劣意见(见表4-1)。

表4-1 小型基础设施项目不同实施方式优劣意见汇总表

项目实施方式	优势	劣势
对外承包	1. 有专业技术支持,能保证质量。 2. 管理、操作方便。 3. 减轻村组工作量。 4. 工程速度有保障。	1. 村民直接参与不足,项目的附加值不高。 2. 成本会增大(承包方会获取一定利润,对外招投标需要消耗费用)。 3. 项目有风险(施工方可能会偷工减料,影响工程质量)。 4. 资金使用效益可能不高,群众对项目归属感不强。
村民自建	1. 村民管理项目能力得到提高,组织化程度有所增强。 2. 有助于推动项目村民主管理进程。 3. 项目的社区归属感强。群众监督力度大,建设质量有保障,后续管理易于到位。 4. 降低建设成本,有限的资金能办更多的事。 5. 提高村民面对风险、抵御灾害的信心,防止滋生"等、靠、要"思想。 6. 减轻工程推进中的矛盾(比如占地等导致的矛盾易于解决)。 7. 培养村民互助意识。	1. 质量难以保证(不够专业)。 2. 投工投劳压力增大(外出务工多,灾后重建任务重)。 3. 管理成本增大。 4. 报账的票据难规范。 5. 村组干部工作压力大。 6. 物资管理存在隐患。 7. 项目实施存在安全隐患。 8. 资金使用和监管易出漏洞。 9. 工程速度会受影响。
包工不包料	1. 群众投工压力小。 2. 质量能保证(有专业施工队支持)。 3. 自购材料,缩小施工单位利润空间,能保证材料质量且相对降低了建造成本。	1. 材料容易浪费。 2. 因包工利润空间小,施工队难以找到。 3. 管理成本相对增大。

针对不同实施方式建设小型基础设施项目的优劣分析,与会的县、村代表和乐施会之间的互动持续的时间比较长。从互动的实际过程来看,互动双方所处的地位是有差异的。乐施会依赖自己的专业优势和话语优势,对受训对象施加了一定的影响。实际上,乐施会在该过程中并非通过粗放的方式,简单地旨在推动项目管理小组成员发散思维,达到客观分析不同实施方式优劣的目的,乐施会是有一定预期的,这个预期就是在他们的引导下,让项目管理人员认识到采用村民自建的方式实施公共工程的意义和价值。为了达到有效的"引导"效果,培训专家将培训对象划分为几个小组,每个小组分配一个乐施会项目官员,并由这些官员直接与各个小组成员展开互动。互动过程中,乐施会项目官员会有意提醒或直接引导培训对象分析采用村民自建的方式实施项目的好处。这种互动是在合作双方相对充分的对话场景中展开的,显然,这有助于塑造双方观念及行为。

其实,采用村民自建的方式建设农村公共产品在中国并不陌生,然而,由于这种方式需要项目管理者给予更多的技术援助和监管,并需要开展大量的群众动员工作,甚至会拉长工期,这一施工方式常常得不到基层政府的积极响应。但是,经过多年的扶贫实践,很多旨在推动农村落后地区发展的组织认识到,采用村民自建的方式实施农村公共产品的价值是多元且深远的,这一效果不仅仅体现在节省支出,提高资源投入效率方面,更重要的是能够提升项目村农民对项目的拥有感,促使农民感受到项目开展给予村庄带来的变化,以及项目建设完成后所隐藏的经济价值,而这些无疑有助于推动受益农户改变发展思路,让他们将这一潜在价值转换成显性价值,实现增收脱贫。换言之,农民直接参与项目建设,会相对增强他们对项目的拥有感,会让他们更加深刻地感受到村和周边环境的细微变化,而这一过程会激发他们追求进步和发展的创造力。

不过,采用村民自建的方式实施村级公共项目所产生的附加效应还远不止这些。当前,农村公共产品的建设面临的最大难题是后期的维护与管理。与城市公共产品不同,现阶段我国农村多数公共产品建设的规划预算没有设计相应的后续维护费用。在1978年的农村改革以前,集体公社制的制度环境及在这一套制度环境下衍生的资源分配与农民人均义务工制之间的连带关系,为农村道路、水利等公共产品的建设和维护创建了富有成效的条件。家庭联产承包责任制的推行改变了人民公社时期公共产品供给机制,但农民在农村公共产品建设方面仍旧承担主要责任,各种农业税收及提留款成为农村道路、水利等公共设施建设所需资源的主要来源。不过,这种现象在2001年国家明确提出现行农村进行"三取消、两调整、一改革"①的税费制度改革以后发生了历史性的转变。国家从农村公共产品建设的倡导者、组织者、资源投入补充者的角色转变为实施主体和资源投入主体,政府在农村公共产品建设方面充当了主力军。较之以往,政府对农村发展的支持力度,尤其是贫困村脱贫的扶持力度要大很多,但是,国家在农村公共产品建设和农村公共产品的后续管理方面却很少过问。道路、水利等设施修建完成后,日常维护及损坏维修等责任主体不再是政府,而是村集体。由于农村税费改革大大减弱了农民在村落建设中的责任,村两委在缺少获取资源渠道的现实面前,必然会发出"巧妇难为无米之炊"的感叹。在有些村,"一事一议"的村级事务处理机制或多或少地消解了这方面的困境,但实际上这对农村公共产品维护起到的作用并不大。公共产品的非排他性是导致出现这种困境的主要原因。产品的非排他性是指人人都可以享用这种产品,这就给享受产品好处的人天然地创造了一个"搭便车"的机会,即大家都愿意去享受公共产品带来的好处,但却不愿意承担公共产品的建设和维护责任。换言之,在缺少相关制度规范的前提下,一个区域内的公共产品是很难依赖某个或几个个体去建设并维护的。基于这样的双重困境,这些致力于促进农村发展的实践者们开始从历史中寻找解决问题的灵感。在很多研究者看来,增强受益群体对公共工程维护目标的认可强度,并相应建立合理的制度规范,是一种相对有效的解决该困境的办法。而增强受益对象对公共产品的认可强度的实现路径就在于项目由村民自定和自建。在这方面与政府一样,乐施会同样没有预算公共项目的后续管护费用,而且,乐施会还期望依赖援助项目的介入影响合作伙伴,推动他们采用村民自建的方式建设以后的村级公共项目。这些因素构成了乐施会积极倡导采用村民自建的方式实施小型基础设施的主要原因。关于这一点后文还会详述。

二、财务管理培训

财务管理培训是前期培训的又一重要部分。财务管理是项目管理的一个重要方面,是指如何合理有效地使用资金,以保证项目能够顺利开

---

① "三取消"是指取消乡统筹和农村教育集资等专门向农民征收的行政事业性收费和政府性基金、集资,取消屠宰税,取消统一规定的劳动积累工和义务工。"两调整"是指调整现行农业税政策和调整农业特产税政策。"一改革"是指改革现行村提留征收使用办法。

展。利用有限的资金使其发挥最大效用,既是乐施会在项目实施中始终坚持的原则,也是具体操作时必须遵循的规则。乐施会作为资助者和监管者,要求项目人员严格遵照财务管理制度去使用援助资金。关于资金使用方面的规定,项目村所在县扶贫办基本上都持尊重和认同的态度。对项目人员实施财务管理培训的目的主要有两个,首先是通过培训使合作伙伴了解乐施会的财务管理要求和具体实务操作,提高其财务管理能力。通过案例分析和问题交流,加深合作伙伴对乐施会财务要求的理解,并提升实践操作的能力。其次是加强乐施会与合作伙伴的互信了解,建立双方之间项目财务交流沟通的机会,共同探索财务管理的创新模式。

与项目管理培训一样,财务培训也包括理念培养和实务操作培训两个主要部分。其原因是,一方面使相关人员明确项目实施中各个财务事项及其原则性要求;另一方面对财务管理具体办法和会计实务方面进行系统介绍,以规范财务操作方法。

(一)项目财务管理

这一部分的培训主要是对与项目财务管理相关的各个方面做总的概括和介绍,目的是使合作伙伴理清思路,了解乐施会财务管理的基本框架,为下面的实务操作培训打下基础。乐施会人员在培训中强调财务管理制度的严肃性,并指出乐施会作为一个救援和发展的NGO,接受公众的捐赠和政策的支持,在资金使用上需要体现对捐赠者的负责,接受公众问责。因此,乐施会在开展项目时会实行严格的财务管理和审计制度。最后,乐施会希望合作伙伴在实施项目的过程中,能严格按照《乐施会项目财务管理办法》操作执行,尊重乐施会的原则和做法,共同提升乐施会的声誉[1]。

乐施会对于项目财务的原则性要求主要包括项目预算编制、资金使用、财务报告与审计等几方面的内容。培训的重点是介绍乐施会项目财务管理系统,具体主要包含如下五个部分[2]:1. 取得项目。即乐施会与合作伙伴达成一致,确定合作项目。2. 项目财务管理文件。对几个项目管理文件及其财务相关部分做介绍。项目确定后双方协商一致,签署项目协议书。协议书规定了乐施会的拨款计划,以及双方在合作过程中的相关权利和义务。协议书包含项目概述和评审文件、项目进度报告提纲、项

---

[1] 乐施会中国部:《乐施会中国部项目申请指引及项目管理概述》,2007年7月。
[2] 乐施会中国部:《乐施会财务管理办法》,2009年11月。

目财务管理办法三个附件,从各个方面对项目财务管理做了说明及规定。(1)附件一是项目概述和评审文件,即项目建议书,是按照乐施会项目评审要求和格式制作的文件,是对项目的详细描述,其中包括详细的项目预算,并确定资金管理制度。(2)附件二是项目进度报告是对项目实施情况与原计划和目标的比较反馈。财务方面是合作伙伴需要报告的重要部分,包含与预算相比较的资金使用情况和财务管理制度运作情况。(3)附件三是《乐施会项目财务管理办法》,具体说明项目财务操作方法、底线原则、规范要求、报告要求、信息质量要求、公信力要求等。这部分属于实务操作的内容。3.项目财务管理角色。明确项目中各方的功能角色。乐施会的权利职责是项目管理、财务管理与审计监督,项目伙伴作为实施项目的合作伙伴和最终受益群体,与乐施会共同努力实现项目的财务管理目标,即保证资金安全、有效,确保资金按项目既定用途使用等。4.项目财务监管办法。大致说明乐施会在项目各个阶段的财务监管方法。其中强调审计监督的重要性。具体的审计方式和程序将单独提出并细致讲解。5.项目资金特点。由于项目资金是公益性的捐赠款项,因此使用中首先要尊重捐助者的意愿,并注重公开和社会问责性。另外项目资金有限,资金使用方应坚持节俭和利益回避原则,对资金进行合理有效使用。

通过以上一系列的介绍,对项目中财务管理的基本原则、责权问题、相关财务管理文件等财务事项做了澄清说明,达到使合作伙伴对财务管理得以总体了解的目的。

(二)乐施会财务管理具体办法

对项目财务管理的基本情况介绍完后,培训就进入了财务管理具体办法的培训过程,这一阶段是针对会计实务操作层面的培训。项目的财务运作最终要落实到具体的实务操作和规定上来。汶川地震前乐施会在四川基本上没有开展大型项目,合作伙伴对乐施会的管理要求和财务知识缺乏认识了解,因此相关的培训是十分必要的。这一阶段的培训主要依据《乐施会项目财务管理办法》,该办法是乐施会依据会计法和相关标准编写的财务管理文件。乐施会制定文件的目的是规范项目资金运作及其财务管理活动,提高会计信息质量。文件包括财务人员配备、项目收入及账目、项目支出及账目、费用报销要求、项目财务报告、费用报销票据要求、财务资料保存、审计与余款、财务监督与公开、其他事项共十项内容,每项内容都做了详尽具体的规定说明。实际上,这是项目财务运作一套完整的操作流程。通过这种培训将使项目人员增强自身财务实践操作能力,了解乐施会对于财务管理的要求和程序,从而规范合作伙伴的做法,为项目顺利运行打好基础。培训对以下几个关键方面重点进行了详细说明:

1. 报账和报表要求

对会计实务能力进行培训,主要包括票据处理、费用报销和项目记账两大部分①。

乐施会对于票据和报销方面有着细致严格的规定,尽可能杜绝一切挪用、浪费项目资金的情况的发生。票据要求是原始正规发票,特殊情况不能取得正规发票或要自制单据的需说明理由或提供审批手续。票据经复核和审批后进入报销流程,费用报销应严格执行项目预算内容、标准和用途,采用实报实销原则。若遇到不可预见费用或项目活动变更的情况,需要合作伙伴与乐施会项目官员进行沟通并得到书面同意。购买价值超过2 000元的商品需要至少取得三家供货商的书面报价,并保存报价资料。

另一部分是项目的记账要求。保证一个清楚明晰的账目既便于财务管理人员开展工作,也有助于项目合作各方对资金使用的核查监管。记账可采用复式记账和表格式记账两种方法。针对记账的两种具体操作形式,乐施会还给出范例进行示范。合作对象收到项目款后需要填写《收款回执》,并寄发给乐施会。乐施会通常采用收支两条线核算形式。收款根据资金来源,按资助者、分项目设置明细账。项目支出明细账设置与项目预算框架和口径一致,实现实际支出与预算相对应。另外,培训中还说明了在三种不同的项目实施方式下的财务记账方式和要点。

2. 项目财务报告

乐施会培训人员提供不同的财务报告范例与大家交流讨论,分析不同的核算方式可能存在的问题与风险,是否违背财务原则等。最后向与会人员介绍了乐施会项目财务报告范本。

财务报告主要包括四部分内容:项目财务管理及控制情况、项目收款明细、项目支出明细、10%以上(含10%)超支或节约资金分析及重要会计事项说明②。合作伙伴需要定期向乐施会提交真实、完整,数字准确无误的财务报告。财务报告中的支出明细账目是按项目预算框架和口径编制的,这能有效反映项目具体收支状况和预算计划执行情况。乐施会项目官员和管理层通过分析财务报告,来监控合作伙伴对资金的使用是否

---

① 乐施会中国部:《乐施会财务管理办法》,2009年11月。
② 乐施会中国部:《乐施会财务管理办法》,2009年11月。

合理。财务报告内容也是乐施会向社会公开捐赠资金使用明细的主要内容。报告中的财务信息越详细,乐施会的社会公信力就会越高。

3. 审计监督方面

财务审计在财务管理中起到监督作用,以确保资金的合理使用,项目能达到预期目标。在这部分培训中,双方讨论的主题涉及:乐施会项目审计方式类型、审计程序、审计资料以及如何协助资助方开展审计工作几个部分。

在项目村开展的项目由合作伙伴设计、实施并评估,乐施会则负责监督项目实施情况。根据财务管理办法规定,乐施会将在项目实施期间或项目结束后,采用查账、辅导、培训、调查访问等方式,对项目财务进行独立检查或审计。审计主要由乐施会自己的项目审计人员进行,同时需要项目合作伙伴提供相关资料和必要的工作便利。审计合格后,乐施会办理项目关闭手续。

培训人员还列出一些审计中经常发现的问题,如使用项目资金垫付其他开支、以白条报账、文件未存档等,并要求大家分组讨论回答违背了《乐施会项目财务管理办法》哪些条款,违背了什么财务原则。通过分析这些审计问题,旨在加深大家对于财务管理规定的理解。

(三)问题交流与案例分析

在项目财务方面,探讨实务操作中的焦点问题,并选取一些具体案例进行分析,分享实际经验,是非常有意义的。比如,乐施会培训专家提出一些财务管理方面的焦点问题,包含记账中存在的实际困难、非项目的开支处理、拨款到哪一个层级、原始凭证不规范,以及村上记账、支出、审批分不清楚等,这些都是在当地客观情况下呈现出的实际问题。对这些问题的探讨有助于将乐施会的管理方法与具体情况相结合,扫除财务操作中的障碍。

另外培训人员还会结合培训内容对举出的具体案例进行分析讨论。如上文提到的审计中经常发现的问题。还有会计回避问题,如在项目管理小组内部安排亲属担任会计和出纳职务,或是未经过招标过程直接让亲属承包工程项目等,这些都很常见但却需要严格回避。

第二节　参与式规划

项目规划是项目实施的重要依据。富有成效的规划是项目顺利实施和取得预期效果的基础。采用社区参与式方法规划项目,规划过程既是产生合理规划的手段,同时也是提升农民参与公共事务意识,增强社区自我解决问题能力、推进基层民主化进程的重要策略。换言之，参与式方法有助于产出科学、合理的规划，同时对参与式方法的实践又有助于实现乐施会"助人自助"的宗旨。采用参与式方法规划项目的特点在于抛弃了传统的"自上而下"的单一模式，实行"自下而上与自上而下相结合"的互动模式。在后一种模式中，扶贫对象在确定项目实施内容、实施方式及管理办法等方面拥有主要的话语权。本节以 PH 村为例，对项目规划过程予以详细描述①。

一、确定工作流程

2009 年 12 月 21 日晚上，规划组成员（包括一名农村发展方面的专家）和项目村所在县扶贫办项目负责人商议工作行程，围绕社区参与式方法开展项目规划步骤，与会成员对工作流程都发表了看法。鉴于在遴选项目村时已对项目村农民发展意愿强度及执行项目能力做过考核，经过团体商议决定，此次规划改变以往"先有规划，再决定投资"的模式②，将在群众大会上直接向农民公布外部力量介入的目的及力量的大小，让群众吃一颗"定心丸"，同时，还将向与会农民讲述规划的基本步骤和项目建设的基本框架，以提高后续工作的效率和效果。在专家的组织引导下，通过综合大家的意见，规划组历经 2 个小时确定了实地规划流程(见表 4-2)。

表 4-2 村庄恢复重建规划实地工作流程

时间	工作内容	工作方法
22 日 （9 点—10 点）	1. 介绍规划组人员。 2. 介绍规划组来意。 3. 介绍项目背景（包含项目及规划起因、资金来源、资金量、项目其他限定性要求等）。	召开群众大会。

---

① 笔者作为该村项目规划组成员之一参与了具体的规划过程。本节中的部分资料源于对负责该项目的乐施会项目人员开展的访谈。

② 在以往项目中，采用先做规划，根据规划情况再决定是否投资，有利于调动起农民参与建设项目的积极性，有助于解决项目实施中遇到的各类型利益纷争。比如，有些因修建公共设施而被占用土地的农户，在知道本村有一定的外援资金后，就会打自己的"小算盘"，"无理"要求获取更多的经济补贴。而先规划，再立项的流程就能很好地避免这一现象。如果因某个家庭为满足私利，影响了项目的顺利立项，那么这个家庭就很可能被本村其他户所排斥。在这种情况下，利益的矛盾主体从"农户—投资方"转变成"农户—社区"。显然，后一种利益协调机制更便于处理这类矛盾。

续表

时间	工作内容	工作方法
22日 （10点—12点）	1. 挖掘社区内外部资源。 2. 寻找社区面临的困难和问题。 3. 征求群众项目发展意愿。	1. 分男性组、女性组、干部组讨论社区内部外资源、面临困难及项目发展意愿。 2. 绘制社区资源图和村貌图（该任务通常由乡村教师和比较熟悉村资源分布、村貌的村民完成）。
22日 （14点—17点）	1. 询问农户项目发展意愿及项目实施方式。 2. 了解以往社区公共项目实施及后续管理情况。 3. 拾补与会群众因团体压力或受其他关键人在场的影响没有表达的观点，并就一些关键性的问题做更为深入的了解。	对PH村的7个小组每组随机抽取3—5户开展入户访谈。
22日晚上	汇总一天收集的信息。	座谈会。
23日—24日	1. 询问农户项目发展意愿及项目实施方式。 2. 了解以往社区公共项目实施及后续管理情况。 3. 拾补与会群众因团体压力或受其他关键人在场的影响没有表达的观点，并就一些关键性的问题做更为深入的了解。	半结构式入户访谈。
25日	对初步拟定的项目做可行性分析，包含技术可行性、经济可行性、政策可行性及环境可行性等。	由社区发展的利益相关者和外部技术人员组成的项目评审小组对拟定项目进行可行性分析。
26日	1. 对项目进行排序，决策项目内容。 2. 决策项目实施方式。 3. 选出项目管理小组成员，并明确各自职责。 4. 制订公共工程项目后续管理办法。	群众决策大会。

另外,鉴于规划中需要绘制社区资源图和村貌图,规划组专门准备了稿纸和笔。

二、召开社区群众大会

因起初不知道县城到项目村的距离和到村的交通条件,规划组抵达村的时间比原计划晚了近2个小时。150多名村民代表早早地聚集在村委会。由于等候的时间比较久,有些农民对"投资方"的诚意产生了怀疑(规划组在动员大会上,向与会农民表达了歉意。如果在项目起初,农民就对乐施会失去信任,肯定会影响到项目的顺利开展)。到村后,按照原定计划召开了群众动员大会,乐施会首先向村民说明来意,随后系统介绍了项目资金来源、乐施会机构性质、项目100万元的总投资以及项目工期等事宜。

三、分小组讨论问题

群众大会结束后,规划组将现场群众划分为男性组、女性组、干部组。每个小组在规划组成员的引导下,对村庄内外部资源和当前面临挑战困难、项目发展意愿及实施方式展开讨论。分组讨论中,群众参与的积极性比较高涨,但也有农民怀疑他们表达看法的意义。这部分人认为该建什么项目、采用什么方式建设项目都是干部们说了算,召开群众大会只是走形式、搞形象。不过,在绘制资源图和村貌图时,规划组一旦有错绘和漏绘,很快就会有村民指出并修正。后来规划组发现,通过绘制资源图和村貌图,具有消除外来者和村民间的隔阂,调动起他们参与项目规划的积极性的功能。在他们看来,这些事情干部们管不了,而且村里的情况他们也不完全熟悉[①]。

四、半结构式入户访谈

按照先前设计的规划流程,规划组需要对PH村7个村民小组按每组随机选取3~5户进行入户访谈。在专家的安排下,规划组分成了4个小组,分别开展访谈工作。笔者走访了PH村3组的两家农户。被访户甲:有5口人,其中有两位老人,儿子、儿媳及一个孙子。儿子、儿媳常年在成都务工,除逢年过节外很少回家,孙子长大后被父母接到成都上学,家中只剩两个老人,属典型的留守家庭。两位老人都患有关节炎,近两年

---

① 通过这件事,规划组发现,首先开展农民乐于参与的事,与农民建构起信任关系,是进一步做规划和做出好的规划的前提。让农民参与绘制村貌图和资源图,就属于农民乐于参与的行动之一。

比较严重。家中每年需花费医疗费近5 000元。被访者参与了群众大会，因此对乐施会此行的目的比较了解。她建议将援助资金用于修建村主干道，同时指出："现在的村道条件太差，一遇降雨，农用车辆都不能通行，有时候，农业生产使用的农业用肥等生产资料的搬运都是靠自己肩挑，饲养的猪的销售也很艰难。而且，修路影响深远，不仅仅受益于当代，也能改善子孙后代生活和发展条件。"她认为，为了节约资金，让有限的资金做更多事，应该采用村民自建的方式建设道路。为了延长路的使用年限，她表示应该修建水泥路。考虑到资金有限，她认为用现有的资金能修建多长算多长，等以后有了钱再接着整治。问及具体要修建哪一段时，她倾向于支持修建从乡道通往自家的那一段，用她的话说："我们组离乡镇近，理应先修我们这段。"被访户乙：属地震受损一般户，有5口人，两位老人，儿媳及两个孙女。被访者说，上午没有参加群众大会，但在中午回来吃饭的时候他老婆向他讲了会议的基本情况，他对项目能落实到PH村感到非常高兴。他也建议将资金用于修村主干路。因为资金有限，他认为应修建泥碎石路。他说，修建泥碎石路一方面能让村更多的老百姓受益，另一方面修护起来也很方便。同时，他还指出，道路建设要做好路肩和边沟(在访谈中，规划组会有意关注村内的人才，并引导他们参与监管项目。在乐施会看来，由具有一定专业素养且是村里内魅力型人物来担当项目管理职责，是比较理想的状态)。他同意采用自建的方式实施项目，但面对当前外出务工人员多，在村劳动力少的事实，担忧自建会影响到项目的进度甚至难以操作。

五、初步拟定项目

开展规划的第一天晚上，规划组对收集到的信息进行了分析和总结。PH村经济水平低，自然环境差，受灾相对较重是大家的共识。PH村面临的问题主要是"行路难、用水难"。不论是男性组、女性组，还是干部组，一致认为应该把资金用于修村主路和整治堰塘上。考虑到资金总额限制，多数群众建议先解决道路差的问题，但对修建等级和建设方式看法不一。除此之外，通过入户访谈了解到，PH村村主路以前曾经利用村民筹资整治过，但只是拉了些碎石将需要填补的地方进行简单修复。整治后的路虽然也采取了分段到户进行维护管理，但由于有些农户常年在外务工，部分路段在无人管理的情况下已损毁很严重。这一发现对规划组制定公共工程的后续管理办法方面给予一定启示。另外，PH村有具备修路经验的农民，村民内部拥有技术显然为村民自建村道创造了重要的条件。由于参与项目规划人员多,规划组仅花了 2 天时间就完成了预定的入户访谈工作。后来访谈获取的结果与第一天访谈所获取的信息基本一致。但让规划组深有感触的是,通过入户访谈,农民和乐施会项目管理人员之间的关系更加紧密了,他们对这些外来人的信任感变得更强了。

六、对初步拟定的项目进行可行性分析

一方面,由于初步拟定的项目都是小基建项目,其所需的建材在项目村附近的集贸市场就可以购买到,另一方面,通过当地扶贫部门的协调,同级其他部门会提供相应的施工技术支持,因此对道路修建和堰塘整治的可行性分析只是在分组讨论和入户访谈时顺便予以开展。需要特别指出的是,在对项目进行可行性分析时,向当地农民寻求意见是有一定价值的。比如,在访谈中有农民就谈到,附近有天然的砂石,这能减少单位工程的资金预算,进而增大资金的使用效益。

七、决策大会

2009 年 12 月 24 日,根据分组讨论结果和走访农户获取的信息,规划组汇总出 PH 村群众对村重建的三个项目意愿,具体为修建村主路、整治堰塘、农网改造。召开项目决策大会的那天,与会农民每人领取写有 1、2、3 字样的纸张,1、2、3 分别代表道路修建、整治堰塘、农网改造。随后,他们在不受干扰的情况下选择一个认为应该重建或维修的项目。经过统计,排在第一位的是修路,第二位的是整治堰塘。根据项目意愿排序,结合实际资金投入量,规划组决定将资金用于修建村主干道。与项目意愿排序类似,对修建道路的具体内容(建设等级、修建路段)、项目建设方式(自建、外包、包工不包料)也进行了意愿排序。经过多轮投票选择以后,规划组拟定 PH 村乐施会援助项目具体内容为:修建 7 公里村道泥碎石路,建设方式是村民自建。项目建成后,通过社区群众集资安排专门的维护人员对道路进行管理(专栏 4-3)。按照先前的工作计划,项目管理小组成员及其职责也需要在决策大会上确定,后因时间关系,这些事宜最终由项目村所在县扶贫办操作完成。

专栏 4-3 公共基础设施的维护

不论是依赖村民集资聘请专人维护,还是将路分段到户由受益户自己投劳维护,其出发点都需要村民有主动性,进而发挥自身的能动价值。

农村公共基础设施的农民自发维护在农村公共基础设施建设链中至关重要,关于这一点的原因已在前文有所论述。采用村民自建的方式能

提升农民对项目的拥有感,会增强农民自觉开展项目后期维护的积极性。尽管这些农民在参与对项目的筛选和建设后会更积极和主动地承担维护责任,但是,对公共设施的维护不能简单地依靠一个个独立的个体行动完成。这是因为,个体行动的随机性易于让一部分需要维护的环节遗漏,缺乏组织也会使得维护不能持续。历史经验和相关研究说明,解决这一矛盾的办法在于建立制度化和规范化的维护机制。

参与式方法也是乐施会确立公共项目维护机制的主要办法。在乐施会一些项目人员看来,一种制度能不能被个人所遵从,主要依赖制度受众群体是否认可和接受这一制度设置,也即是制度的建构是基于所有制度受众理性选择的结果①。社区参与式方法恰恰能实现这样的效果。乐施会和县扶贫办深入到村庄对村民进行实地访谈,然后根据访谈信息与村项目工作组或村委会协商提出相应的项目维护建议和方案。一般而言,对农村公共基础设施的维护是有经验可以借鉴的,但在不同的经济发展层次或不同的村实际受益人的在家率,经验机制的适用性不同,因此不能一味地复制。比如,在经济发展水平相对较好的村,群众更倾向于选择通过缴纳一定费用,聘用专人负责维护。而在受益人口在家率高且经济发展水平相对落后的村,群众可能更倾向支持分段到户,自己保养的办法。因此,规划组需要依据实际,结合历史经验,通过对以往机制的修整,找出一条适合于本村现实状况的公共设施维护机制。在实际操作中,规划组不可能到每家每户收集每个人的建议并采纳这些人的建议,在这种情况下确定的公共项目维护方案,可能仍不能实现在村庄内部的广泛认同。所以,规划组在商讨出维护机制的基本轮廓后,需要召开村民代表大会,让村民充分地讨论与发言,征求他们对项目维护的建议,并对机制做调整,让制度在村庄内部实现合法化。工作组根据村民的意愿将调整后的维护机制确定成村规民约的草案并进行公示。公示期间,群众可以对草案中的内容提出修改意见。草案最终成为村规民约是在再次召开村民代表大会之后。会上,群众代表需要再次民主决议,赋予草案权威。

---

① 从理论上讲,让一个村落的全部(数量不多)农民以理性的姿态,参与对制度规范的建构是存在可能的,但现实的情境往往并不能满足这一条件。比如说,农村中有很大一部分家庭举家外出,他们不可能专程返乡参与群众大会。其次,受农民掌握的信息不完整或是受少数有权者的影响,有些农民缺少话语表达能力或机会,这也会影响到制度设置发挥出预期效果。

回顾 PH 村的项目规划过程,参与式理念和方法贯穿前后,群众的意见得到充分表达并被规划组所采纳。需要指出的是,不同的村规划程序可以进一步完善或有所简化。比如在项目设计上,如果强调首先支持贫困户,规划组就需要在分组讨论时,引导群众参与拟定本村的贫困标准,然后筛选出贫困户并给予特殊扶持。如果村庄已有管护公共工程的制度并且规范效果较好的话,就不需要再开展类似工程后续管理办法的制定工作。另外,在使用参与式工具规划项目过程时,有效捕捉并及时总结发现到的关键信息很重要,这也是参与式的魅力和价值所在。比如,在 PH 村入户访谈中,就有村民表示因村内多数农户举家外出,道路采取分段到户进行维护的困境重重。这对规划组制定村道后续管理办法给予了启示。

确定项目内容后的两个环节是对工程做预算(主要针对的是小基建项目。按照灾区贫困村的实际需要,乐施会参与的重建项目 90% 以上都是基础设施恢复与重建)和制订项目实施计划。工程预算由县扶贫办协调组织其他技术部门开展。比如县交通部门会对道路修建提供技术指导,水利部门会对灌溉渠道整治提供技术支持。对工程做预算需要着重关注两个方面:一是为提高工程预算的精准性,体现对捐赠者负责,产出合作双方都认可的预算结果,乐施会会聘用工程造价公司对县扶贫办提交的工程预算进行造价复核,然后确定项目总预算;二是对项目进行造价复核时,乐施会比较重视群众代表的意见,目的是期望通过当地人的协助,测算出更加精准的工程预算。这是因为当地群众利用本土知识和历史经验,能比较准确地指出哪些地方需要修复堡坎,哪些地方需要配备涵管等问题。另外,出于节约资金,解决更多村的发展困境,乐施会在造价复核时,一般会向群众了解当地是否有可以无偿使用的项目建材。倘若项目村附近有充足的自然砂石,且这是项目建设所需的材料,乐施会会将该部分预算排除在总预算之外。

项目规划的最后一个环节是拟定实施工期。以采用包工不包料的方式整治村道为例,规划组通常对项目启动、工程招标、三方询价、材料采购、项目竣工验收等过程都明确具体的时间。确定项目实施计划时,规划组会邀请项目管理小组参与决策,同时会考虑自然因素和农忙季节对项目实施工期的影响。

另一个需要特别强调的规划内容是选取成立项目管理小组。项目管理小组成员是通过目标村群众民主选举产生。小组成员职责及成员间相互协调机制也是在规划组的引导下,由小组成员依据本村实际情况而确定。专栏4-4给出了项目管理小组职责的实例。

专栏4-4 项目管理小组职责

项目实施小组：(1)负责按批准的项目建议书制订实施方案；(2)协调造价工程师对项目开展预算；(3)跟班作业，做好施工记录；(4)提出采购方案，确定采购计划，组织协调其他小组事务；(5)制订工程实施期间的安全措施，保证安全施工；(6)对所有竣工子项目进行初步验收；(7)定期组织召开各小组会议，及时发现并解决项目实施过程中存在的问题。

财务管理小组：(1)参与物资采购；(2)定期向社区公示财务收支情况；(3)严格审核票据，规范财务档案；(4)按期向上级项目管理部门汇报财务收支情况；(5)出纳小额资金；(6)接受上级主管部分的财务审计。

物资采购小组：(1)负责按实施小组提供的采购清单进行询价采购物资材料，并做好询价记录，上报询价结果；(2)按批准采购计划按质、按量采购物资，保证物资及时、有序供应；(3)做好采购记录并保证物资安全交接入库。

物资保管组：(1)负责保管好各类采购物资；(2)对出入库物资如实登记，包含品名、数据、价格、出入库时间等。

监督小组：(1)依据项目工程预算和实施计划，严格监督项目实施进度及质量；(2)负责受理社区群众对项目投诉意见，并联合实施小组与工程实施方交涉；(3)做好监督记录；(4)履行报账票据的审核和签字手续。

* 资料来源：南江县扶贫办：《灾后恢复重建项目操作流程》，2009年9月。

第三节 编制项目建议书

项目建议书是拟争取项目的单位或个人向有关管理部门或其他社会团体申报项目的申请报告，是项目被资助方审批的主要依据。不同的机构对项目建议书的编写有不同的要求，部分组织甚至会制定专门表格和规范要求申请方填写。乐施会的项目建议书就有一套专门的指标体系。

根据合作双方达成的共识，县扶贫办扶贫撰写编制项目建议书，项目村项目管理小组负责数据及其他基础信息的收集与整理。项目建议书按照乐施会的机构管理制度和隶属关系，分级审批。县扶贫办编制完建议书并提交给乐施会后，乐施会项目管理人员将对建议书进行初审并提出反馈意见。待双方对建议书的内容没有异议后，建议书由区域经理审查并递交给项目合规人员。建议书经过项目合规审阅并上报乐施会中国部总监,并最终在总监那里得到审批。乐施会项目建议书有固定的格式,涉及的内容比较多,具体由两大部分构成:第一部分是项目的基本信息;第二部分是项目的资料(本书附录给出了项目建议书的实例)[①]。

一、基本信息

项目建议书基本信息包含项目名称、项目地点、项目实施时间、项目提议人信息、项目概述、项目目标、财务信息等。因大多数所需填写的内容都是封闭式问答,这部分内容相对比较简单,出现不符合填写要求的几率小。项目概述主要是对拟实施项目内容、实施方式、工程预算及援助资金量和项目要解决的问题做简要阐述。

二、项目资料

项目资料是对项目进行系统的描述,是项目建议书的主体部分。虽然乐施会对项目资料的每一个子单元都有详细的填答指导语,但由于合作对象缺乏经验,导致这一部分内容的合格率很低,反复调整的次数和消耗的时间比较多,在一定程度上影响了双方的合作关系和项目审批进度。

1. 提出项目的理由和背景。这一部分需要详细指出社区存在的问题以及为什么要设计这个项目来解决这些问题,同时对项目规划的工作方法和过程进行扼要描述,以突出规划项目设计的合理性。如果有条件的话,项目申请者最好能用一定的数据来支撑观点,并说明项目完成后起到的经济和社会价值。比如,针对贫困村灾后恢复重建项目,撰写该部分内容时,一方面对目标村基本情况、贫困状况、受灾情况进行描述;另一方面需要对拟实施项目和消除村的发展瓶颈性问题的关联做出符合逻辑的分析。

2. 项目目标。项目目标是项目实施所要达到的最终结果。项目目标分为长期目标、短期目标。长期目标一般比较宏观、抽象。乐施会参与的贫困村灾后重建项目的长期目标主要有:解决项目村发展的瓶颈困难;探索防灾、减灾与扶贫开发相结合的有效机制;提高合作对象与外资组织的合作能力,增强基层政府执行外资项目的能力;通过村民自主实施和管理项目,培养村民自我管理项目能力,实现村庄的可持续发展;赋予女性参与项目决策、监管与实施的权利,提高妇女参与村庄公共事务意识及能力,提升女性社会地位。项目的具体目标是在明确项目衡量指标体系前

---

① 乐施会成都办:《乐施会项目管理分享》,2009年11月。

提下,确定拟实施项目在什么时间完成,以及描述分析项目完成后,预期取得的经济、社会和生态效益。同时,具体目标还要介绍项目管理的人员结构,尤其是女性在项目实施各个环节中的参与等情况。

3. 项目主要内容、工作过程和项目开展计划。这一部分包含两个方面的内容。一是规划项目的方法和规划实施的方式。比如,需要在这部分说明,项目是通过参与式方法规划的,还是由外部人员主导规划的;拟建设项目是通过村民自己建设,还是由外部施工队承包建设等。二是规划项目开展的具体时间和内容,对什么时间、什么地点、开展什么工作、哪些人具体负责、什么样的工作方法等都需要给出具体的信息。

4. 项目对相关机构和群众的影响。对合作机构及群众相关能力的培养是乐施会关注的一个重要方面。比如乐施会希望通过项目的实施提升县、村执行项目的能力,增强县、村争取慈善项目和与外资项目合作的能力。

5. 项目对社会性别关系的影响。乐施会比较注重通过项目开展,培养妇女参与本村公共事务的决策和管理能力,改变农村女性的弱势困境,提高女性的社会、经济地位。比如在实施村道整治项目中,项目建议书需要说明妇女有没有直接参与规划项目,有没有进入项目管理小组、材料采购小组、项目监督小组,有没有参与投工投劳等。

6. 项目管理和财务管理。项目管理主要介绍项目执行团队和管理结构框架两个方面。按照乐施会的项目设计,具体实施、监管项目的主体主要是项目村农民。在该部分需要描述项目管理小组成员及各自的管理职责。需要特别指出的是,由于项目村所在县扶贫办负有直接的协调、指导及监督项目开展的责任,尤其是对资金使用的管理,县扶贫办负有主要的职责,因此,明确细化县项目工作组成员及其职责也是有其必要性的。项目管理框架主要是进一步明确各管理小组权限,使小组与小组之间权利关系更加明晰、有序。财务管理是对资金使用状况进行安排,包含资金管理办法、报账审批程序、资金拨付途径、财务公示制度、财务审计等。

7. 合作对象。通过合作对象对自身基本情况、拥有的权限和职责、以往工作经历及成效进行描述,来分析合作对象执行项目的能力,并对可能存在的风险做初步评估。虽然乐施会援助项目受益对象是项目村,但由于县扶贫办具体负责协调管理项目,并对项目实施结果承担主要责任,因此在该部分通常要对项目村执行项目能力和县扶贫办都做出必要的描述。

8. 监督评估。监督评估主要是明确监测评估主体、对象及监督评估方式。监督和评估主体主要有乐施会,省、市扶贫办,项目村县扶贫办及相关其他职能部门,比如水利、交通、农业、财政等。除此以外,最重要的监督主体是项目村农民。监督的内容主要有项目实施进度、项目质量、材料采购、工程招标、投工投劳(由于乐施会支持的大部分项目都有农民投工投劳,因此,合理分配并监督受益户实际投工数,对保证项目的顺利开展很关键)、项目验收等。后期的项目验收评估的方式实行专家评估和参与式评估两种。关于这方面的内容后文会详细介绍。

9. 详细预算。详细预算包括三个方面:项目资金总预算表、项目投入预算明细表、拨款计划及收款人信息等。乐施会很重视项目预算的科学性,小到一方砂石,大到大型工程机器使用天数等都需要进行分类核算。另外,在项目总预算中,乐施会还专门设计一定量的项目运行管理费和不可预见费,这也体现出乐施会项目预算的科学性。

10. 附件。受已定格式的限制,在上述中没有给予描述,但却是项目必须反映的信息都可以附件的形式进行描述。比如,社区资源分布图和村貌图、劳力季节分布图、主要材料询价信息、复核公司的造价预算及复核报告等。

建议书编制完成且双方就项目实施的一些关键性细节达成共识后,乐施会会与项目村所在县扶贫办签订协议书。协议书主要为明确合作双方各自的权利和义务。协议书签订以后,按照拨款计划,乐施会开始拨付第一笔资金。随后,县扶贫办和项目村项目管理小组开始启动实施项目。

第五章　村重建项目的实施过程

项目正式立项于协议书的签署。如前文所述,项目村的援助项目是在县扶贫办和乐施会的协助下启动实施的。在项目实施及验收环节,项目村农民、县扶贫办及其他相关职能部门、乐施会、省扶贫办均采取了不同方式对援助项目进行了监督与管理。按照援助项目开展的先后顺序,本研究把项目村灾后恢复重建项目的实施过程分为项目启动、项目实施、工程验收三个阶段。

第一节　项目启动

一、组织动员

目前学术界对于组织动员这一概念并没有形成统一的认识,有的学者将其界定为"动员主体依赖一定手段协调人力、物力等资源为实现共同目标而使组织或集团采取集体行动的过程"[①]。笔者认为这一概念基本囊括了组织动员的一般特性。由该定义我们可以推演出以下结论,即动员主体、动员对象和动员结果构成了组织动员的三大主要部分。乐施会援助的贫困村灾后恢复重建项目,动员主体和动员对象都具有多元化特征。动员主体的多元体现在项目由很多部门、甚至类型不同的主体共同管理,比如有代表官方的各级扶贫办、乡(镇)以及村两委,代表社会力量的乐施会以及代表受益对象的项目管理小组,他们都参与监管了项目。动员对象的多元体现在不仅仅动员农民选择决策、实施及监督管理项目,而且要动员政府其他职能部门无偿提供专业技术,以支持项目建设。虽然复杂的项目实施环境加大了组织动员的难度,但区别于 NGO 独立参与实施的项目,政府自上而下执行力的介入使得对合作项目展开的各种

---

① 刘俊浩:《农村社区农田水利建设组织动员机制:变迁、绩效及政策涵义》,载《农村经济》,2006 年,第 6 期。

动员效率及效果都有极大的提升。

对参与项目决策、实施、管理、监督的个人或组织开展富有成效的动员工作是实现项目村顺利重建的基础。乐施会和扶贫系统是动员主体中的主力,它们合作开展项目村灾后重建,双方合力产生的正面效果在动员行动中首先得到体现。从扶贫系统这个角度而言,它们可以利用行政手段要求其他职能部门开展诸如技术支持、资金配套、数据监测等活动,其原因是政府能够施用权力,通过行政手段责成体系内的单位或个人采取行动,以满足项目村重建所需的外部政策和技术等环境。相反,乐施会作为投资方,只拥有资源支配权。尽管乐施会可以依赖投资方的身份对合作伙伴施以一定强制影响,但因为没有行政权,其影响的威慑力自然要比政府的弱很多。但是,乐施会系统、灵活的项目运作方式,亲和精细的工作理念,却有助于让多数动员对象以一种自愿心理遵照计划程序参与建设项目。

扶贫系统和乐施会有着截然不同的组织动员机制。扶贫系统的动员方式是自上而下式的,是强制性的,乐施会的动员方式是自下而上式的,是非强制性的;扶贫系统动员的对象主要是体系内组织或个人,乐施会的动员对象主要是项目村农民。从这一角度来审视乐施会和扶贫系统之间的关系结构,我们可以认为它们之间是一种纯粹的功能互补的合作伙伴关系。由此就需要深入分析,作为动员主体的两大主力,它们究竟是如何开展各自的动员工作并实现有机配合的?同时,这一过程涉及不同利益群体之间的博弈,进而又强化了动员环境的复杂性。在这种情况下,乐施会又将如何确保项目能按预期实施路径推进?要说明这些问题,我们还必须回归到项目的实际运作层面,通过分析乐施会动员合作伙伴以村民自建的方式实施农村公共产品,对上述过程给予详尽描述。

乐施会的资源主要源自香港市民和商业集团的捐赠。作为一个扶贫和开展其他公益事业的NGO,不论是从提升组织公信力层面,还是从机构所倡导的"实现人类公平发展"的目标诉求层面,乐施会对资金的使用预期都应当是用最少的资金做更多的活动,实现资源投入和产出比的最优化,以帮助更多弱者和穷人改善生存发展环境。支持采用村民自建的方式实施农村道路等公共产品就是乐施会旨在达到这一预期目标的具体表现。

在我国,采用村民自建的方式修建农村公共品并不陌生,新中国成立初期直至21世纪农村税费改革以前,农村公共产品的供给主体主要是农民。但是,随着中国市场经济体制改革的深入及国家对劳动力市场政策的调整,很多年轻劳动力在务工收益比较高的引导下,背井离乡,到城市谋求生存与发展。劳动力的跨区域转移改变了农村人力资源结构和公共品的使用率,进而一方面因劳动力短缺增加了农村村民自建公共产品的难度,另一方面也消减了农民改善公共产品条件的动力。实际上,对这一现象的形成产生推力的不只有变迁后村的内部人力资源结构,村的外部环境尤其是基层政府的管理理念和管理成本也是重要的牵制力量。正如前文所分析的那样,村民自建的施工方式的产出要更丰富,更能节约单位工程量的预算,进而有助于增强扶贫效果,但在通常情况下,这一施工方式并不易于进入县乡政府的视域,它们对该施工手段缺少动力的原因是害怕高额的组织管理成本。一旦采用自建就意味着基层政府需要付出更多的时间和精力,以用于严密监管工程实施和提供技术指导等配合行动。另外,需要着重指出的是,这种施工方式还会拉长工期,进而与灾后重建高效的政治口号不一致。但同时我们也应该认识到,用最少的资金解决更多的贫困问题,提高资源使用综合效率,拓展资源产出空间等目标,国务院扶贫办、省扶贫办和乐施会的想法是一致的。贫困区域广、贫困人口多、贫困程度深是中国贫穷面貌的突出特点。一方面,国家还不具备很强的实力大包大揽地解决贫困村的所有问题;另一方面,因村民自建这一方式的间接效应,尤其是在弥补农村公共产品后续维护不足起到至关重要的作用,这些因素成为国务院扶贫办和省扶贫办倾向在符合条件的村(劳动力相对充足的村)采用这一方式开展项目的原因。扶贫系统的高层和乐施会的目标一致性为实现在某些村施行村民自建施工方式奠定了重要基础①。但是,在扶贫系统内部,上级与下级之间的利益诉求还存在差异,同时,在村内部,由于多种原因,农民对这种建设方式的积极性也不是很高涨。面对基层政府的消极和农民的冷漠,乐施会和上级扶贫办是如何摆脱困境的呢? 反思、总结实际的动员过程,落脚点在于两个主体发挥了各自长处。上级扶贫部门的支持无疑解决了乐施会缺乏"权力"的难题。省扶贫办会鼓励并动员基层扶贫办要有奉献精神,支持并建议在符合条件的村以及技术含量相对低的工程采用自建的施工方式。基层政府

---

① 当然,并不是所有的项目村小型基础设施建设项目都以村民自建的方式开展。综合分析来看,项目村中相对贫困的村,采用村民自建的方式实施项目的可能性更大;重建资源相对较多的村,采用村民自建的方式实施项目的可能性相对要小一些。

对村民自建施工方式的认同是实现预期目标的第一步,也是最为关键的一步。当基层政府与乐施会就项目管理方式和实施方式达成共识后,它们也将被吸纳到对项目村群众动员的队伍中去,转而成为动员主体中的一分子。

乐施会和基层政府对项目村群众的动员手段不同。乐施会的动员方法是进入农户家庭,通过面对面的互动,向帮扶对象分析村民自建项目的好处,或是通过召开会议,让农民参与讨论该实施方式的合理性、障碍因素,以达到让多数农民逐渐清晰并最终认可这一方式的目的。扶贫办和乡镇依靠技术提供、资金支持等激励手段,采用标语、口号等鼓励老百姓发扬自力更生、艰苦奋斗精神,动员他们自己动手建设美好家园。在部分村落,双方的配合近乎完美。在走访调查某项目村时,发现有一位年近古稀的老人不顾体衰,五个月如一日为施工农民提供饮水。问及老人为何要这样做,老人回答是:"修路是造福子孙后代的好事情,政府(乐施会)给了我们这么多钱,我们投点工不算什么。"从笔者对已启动重建的项目村的调查结果来看,大多数农民对投工投劳建设村内公共项目的积极性都比较高,而促使农民意识到这一行动的合理性是实现该目标的关键。动员过程实际上就是机制合理化的过程,是农民逐渐接受这种模式的过程。它需要历经反复讨论,让农民认识到这种模式的价值,同时让他们参与分析模式开展的障碍并寻找扫除障碍的方法,或是通过创造激励因素增强他们行动的动力,比如乐施会或扶贫办应允项目建造的技术问题由他们来承担,或是承诺如果他们愿意采取自建的方式实施项目,将给予更多的资源扶持等。

扶贫系统的行政权力优势、资源优势,加之乐施会的人力资源优势、组织管理的灵活性等优势,在推动项目村按照预定计划开展重建发挥了重要作用,但需要指出的是,项目管理小组和村两委在动员过程中的作用也很突出。按照乐施会对贫困村灾后重建项目管理结构的设计,村项目管理小组是项目开展的主体,这就决定了村项目管理小组在成为被动员对象的同时,自身也将成为动员主体。村项目管理小组是通过村民大会民主选举产生的,他们往往是村中有一定威望且大家信得过的人,他们肩负着带领村民实现脱贫致富美好夙愿的责任。民主选举赋予了村项目管理小组合法化的权威,他们对有着共同的地缘和血缘关系的熟人进行动员,会起到极为显著的效果。这是因为项目管理小组代表的是村内广大群众利益,是村民集体意志的化身,一旦某些个人不服从项目管理小组的组织协调,就很可能被贴上阻碍村发展的"罪责标签"。而中国的乡土社会又是一个"重面子、重人情"的关系体,在这种文化力量的强化下,会进一步减少"异端分子"出现的几率①。

综合看来,组织动员过程中难度最大的莫过于对项目村群众的动员,而对他们的成功动员也最为关键。近几十年来,民主协商、制度合理性等概念已逐步被普通民众所接受,民众需要政府以相对平等的姿态,通过民主对话的形式,协商共同关心的问题。从这个角度而言,激发民众行动热情的最好方式莫过于赋权民众,以平等互动的形式引导民众。乐施会的项目管理人员认为,每个人都是理性的,农民掌握的信息不足是他们很难做出合理、科学决策的主要原因。因此,乐施会通常会采用一对一、面对面的形式,向农民分析项目的实施将会对他们生活生产条件和村的可持续发展产生什么样的正面影响。事实上,乐施会的这种动员方法也是参与式体系的一部分。参与式方法就是自下而上的工作方法,是对受益对象赋权,以受益对象人格意识的完整性、主体性为前提,由受益对象来管理和实施项目的方法。参与式方法强调外部人员应该是村规划制定、项目监测与管理的协助者,项目实施过程应该赋予受益对象知情权、决策权、监督权、受益权等权利。这种做法能提高扶贫资源目标瞄准的精确度,有助于做到"急群众之所急,想群众之所想",因此,这种工作方法对项目村群众的动员效果一般都较为明显。

二、公示制度

总的来说,有效的公示制度是保证受益对象的合法利益免遭损害的重要办法,是促使项目向良性方向推进的重要机制,而从长远的角度来看,它也有助于推进社区民主化管理。从项目管理的视角审视公示制度

---

① 当然,村项目管理小组的价值并非仅限于此。他们除了能动员群众以外,还可以动员其他力量支持村庄建设。现阶段,我国政府把以村为单位的"整村推进"确定为新时期主要的扶贫战略,即通过"整合资源、集中投入、分批实施、逐村验收"的扶贫开发,以实现贫困村经济社会文化的全面进步和综合发展。按照国家扶贫开发战略的要求,相关涉农部门,如农业、交通、水利、环保等都掌握有用于扶贫的潜在资源。这些涉农部门的扶贫资源不是随机分配的,它们也需要首先了解和分析这个村庄群众发展意愿是否强烈,村两委班子执行项目能力等,进而分析资源投入能否取得好的结果。试想,如果贫困村内部能主动的编制类似于项目建议书的发展规划并将之呈交给相关涉农部门,就会极大地提高村庄获取这些部门的资源几率。如第一批项目村JQ村。在JQ村项目启动前,该村自发地向上级部门反映本村面临的困难和发展需求,并指出项目实施的可行性条件,这构成了JQ村最终能整合到交通、水利、畜牧、农业、文化、国土、环保等部门共计552万元的资金的一个原因。

的功能,可认为有效的公示制度是项目采购小组和监督小组行使各自职责的重要依据,为项目接受参与式监测评估奠定了必要的基础。乐施会项目管理办法中所要求的公示制度实质上与中国农村自治管理条例中村务公开的基本轮廓是一致的。公示或公开,顾名思义就是通过一定渠道或手段将一些由少数人参与的行动或知晓的信息向周围人进行发布,以实现一般人的知情,为一般人监督少数人的行为创造条件。

在我国农村,村委会的公务栏是村事村情对外公布的主要场地,但对援助项目的公示不一定会沿用这个地方。乐施会会建议项目管理小组在人员常聚区或施工区公示项目建设内容、投入预算、物资采购情况、项目实施计划、项目管理小组成员及职责等。乐施会的项目官员认为,如果项目村有群众常聚区,将公示牌树立在那里是最好不过的。但现实往往并不能满足这样的条件,尤其是在区域广、地质结构复杂的村,行政村通常会被天然分割成几个相互独立的自然村。在这样的村,跨自然村村民之间的相互往来很不频繁,也因此想要找到一个群众常聚区并非易事。当一个行政村缺少村民常聚区时,他们会选择将公示栏安置在施工区。表面上看,这种选择是一种次级选择,但在某些项目中这种选择却是最佳的。制定公示制度的目的是实现项目受益群众的知情权利,是为健全项目开展的社会监督机制创造条件,同时,也寄望群众在参与监督的过程中实现权利意识的塑造和培养。因此,如果工程采用的是村民自建的方式实施开展,在施工区立公示栏恰好能满足上述需要,这也是乐施会将多数公示栏放在施工地的原因。然而,如果工程采用外包或包工不包料的方式实施开展,就需要辅之以村民大会,通过多途径、全方位方式向群众发布与项目相关的信息,只有这样才能达到公示制度设置的目的。除此以外,按照公示内容的实际需要,乐施会将公示栏版面分成了"不动板块"和"可动板块"两个区域。工程预算、项目工期、项目管理小组成员及其职责等内容通常反映在"不动板块"上,而资金使用情况、物资采购和使用情况、工程进度等属于动态变化的信息通常出现在"可动板块"上,以便于实时更新。

公示制度有两个直接目的,即保障受益对象的知情权和监督权。在大多数农民看来,知情权只不过是监督权的附属权利或前提权利,他们真正关心的是监督少数有权人的行为,以推动资金管理者和工程建设者采取的行动更加合法、合理。农民监督权的实质是实现与他们发现偏离预期的事件发生时,是否存在纠偏机制及纠偏机制能否落实有关。这涉及两个面向的问题,一个是当发现问题时他们该向谁反馈,另一个是反馈后会得到怎样处理。比如,有些项目的公示栏就明示监督信息反馈渠道,明确受理责任人,确定处理意见框架,还指出在受理期内没有解决的问题可以直接向县级扶贫办或乐施会反馈。公示栏所起到的作用不仅仅在于发现问题后的纠偏,从某种意义上讲,公示制度也是对那些想走"机会主义"路线,希望从扶贫资源中分一杯羹的人以威慑,其防患于未然的功能也许会形塑项目管理者的务实之风,这对贫困农民和村来说价值更为深远。

三、询价采购

询价采购是乐施会极力倡导的一种物资购买方式,其适用于以村民自建和包工不包料方式实施的项目。外包项目的采购材料由中标机构来完成,农民参与对采购回来的材料质量进行核查。所谓询价采购,是指采购人向供应商发出询价单请其报价,在比较供应商报价的基础上选择最优供应商的一种采购方式。询价采购有三个特点:首先是邀请报价的供应商总数至少有三家;其次是每个供应商只允许提供一个报价并且报价一旦确定就不允许变更。报价单可以以电传或传真形式提交,但供应商必须提供有企业法人签字盖章的报价单;最后,采购合同一般授予符合采购方要求的,包含产品技术参数、供应方式等最低报价的供应商。

根据以往的行动经验,乐施会制定了严谨的材料采购办法,这些办法由各个项目管理小组具体执行。不同的项目管理小组在材料采购的各个环节中的职责是精细明确的,相互之间既保持紧密相连,又互不干涉。询价采购以施工管理小组作为起点,施工管理小组根据施工进度安排制定采购方案。方案历经资金管理小组和监督小组审核后,提交给物资采购小组,然后再由物资采购小组向建材的卖家询价并评比不同卖家提供服务的优劣,最后由物资采购小组选择最优供货商并采购材料。按照项目管理办法规定,物资采购小组进行询价采购时人数不得少于三人,项目监督组和财务组成员也要随行监督询价采购过程。采购材料花费的资金由财务管理小组支付[①]。材料采购回来后,物资保管小组负责接收并保管物资。采购行动发生的当天或第二天,监督小组需要向村民公布采购的数量、用途、价格及开支情况等,以实现账目清楚、账物相符。另外,采购

---

① 县扶贫办根据项目工程的实施进度将资金拨付到村,资金落实到村后由村项目工作组成立专门账户进行管理。为确保资金使用安全,开设的账户一般由两人分别管理,即项目实施小组组长管存折,财务管理小组组长管存折密码,这种分工能有效避免资金被挪用或截留。

物资所开具的发票或收据单需明确采购材料数目、规格,并附之供货商联系方式,这主要为群众和乐施会审核采购过程的合理性创造条件。

从已规划并审批的援助项目来看,乐施会援助项目主要集中于道路、人畜饮水等公共基础设施的维护或重建。这些项目所需的材料主要是片石、水泥、石子、沙砾等。相对于其他物品,这类物品技术参数标准化程度较低。除此以外,材料采购一般会分批进行,比如,有些项目村规定每次采购材料的资金总额不超过2 000元,这些因素有助于降低村民(非专业人员)自行采购物资的风险。不过,据乐施会及县扶贫办反映,受一些不规范操作或其他因素影响,采购的实际结果与预期仍存在一定差距。比如采购前的准备工作做得不充分,缺少对即将购买的材料市场信息的大致把握及产品规格辨识方法的基本了解;对询价对象没有固定的选择标准,采购员往往倾向于与自己关系好的供货商、与自己以前有过采供关系的供货商或中间商询价,从而忽略了最优供货商;对询价对象的选择方法随意性较大,在邀请供货商时简单随机地邀请在较小区域内三家或三家以上的合格供货商,从而使供货商的报价难以实现最优;确定供货商的标准单一,往往只考虑价格最低,而忽视向材料供应商明确材料规格以及是否包含售后服务等信息,比如不同标号(C25与C30)的水泥其价格差别就比较大,材料运输费用由谁来支付也会影响实际采购效果;询价手段的单一,询价采购的方式往往被理解为电话询价或理解为传真询价,从而导致一些有实力的商家不能进入被询的行列,进而使购买方失去了购买优质廉价商品的机会。这些因素都会对物资采购的实际效果产生负面影响。我们不可能忽视农民经验缺乏与以上几种现象之间所存在的关联,但更应当注意到,当项目管理者对所承担的职责不重视,进而轻视或懈怠工作职责时,也会出现这些现象。为减少这些现象发生的几率,乐施会一方面通过培训传授询价采购技巧,提高项目管理人员在市场中博弈的能力;另一方面要求并协助项目村群众民主推选合格的、责任意识强的项目管理人员。在乐施会看来,通过民主推选的渠道,选择出具备人文关怀、富有责任心、热衷本村公共服务设施条件的改善和本村长远发展的一些人是可行的,由他们去担当项目管理的职责是询价采购能否行得通、行得有效的重点。所以,乐施会很重视村项目管理成员的被选过程是否合乎民主。另外需要强调的是,采购小组成员需要对询价采购进行"痕迹管理",即记录询价信息,以为其他管理小组成员决策供货商提供信息支撑。同时,该痕迹记载也是乐施会开展项目审计时的一个关注点。

乐施会之所以极力推崇使用询价采购,是因为其具有很多好的功能。首先,询价采购能够一定程度避免所购材料价格过高,遏制重建资金出现"跑、冒、滴、漏",从而实现合理使用资金的效果。一般而言,货比三家要比货比一家购买到货美价廉的商品几率高很多,这在偏远农村地区表现得更为突出。信息流通不畅、市场竞争不足是偏远农村市场普遍存在的问题,进而使得农村部分商品价格(比如片石、河沙等)在短期内不能随着一般市场行情灵敏上下调整。三方或向更多的商品销售商询价,能有效避免购买到高出市场均价很多的商品。当然,询价采购在促进资金运用合理或提高资金使用效率起到的作用,不只是体现在确保农民购买到的产品价格不会脱离市场均价太远,同时也有利于减少了项目资金的"跑、冒、滴、漏"。大量的历史事实表明,扶贫资金被截留或挪用的事件屡见不鲜,为了防止不良事件的发生,国家制定了一系列严格的监管举措,如独立账户专款专用制、财务公示制等,但各项制度因受"人情"潜规则或其他因素的干扰很难落到实处。资金被挪用或中饱私囊,产生的后果不仅仅是国家流失大量的公共财产,同时也会因为建材技术参数不达标而让人民群众的物质生命财产处在高风险的环境中。询价采购能减少资金出现转移主要在于乐施会赋权于民和制定了严格的监督制度。将资金交付给农民所推选出来的具备责任意识和人文精神的管理小组使用,显然会降低资金外泄的可能性。而在另一方面,乐施会又要求不同的管理小组在采购的不同环节承担不同的职责,表面上看,各个小组之间互不干涉,但实际上相互之间却起到极为严密的制衡作用。比如说,监督小组的监督行为及痕迹记载就能有效防止采购小组去谋求私利。

其次,询价采购也有利于提高村的信任资本,拉近农民与农民之间、农民与项目管理小组成员之间、群众与村两委之间的关系尺度,增强项目村村民管理项目及市场博弈能力。询价采购的这一作用不可忽视。在市场发育还不完善的偏远山区、贫困地区,农民除简单地购买生活用品和销售少量农作物外,他们中的大多数缺少与市场主体进行深度互动的经验,市场博弈能力严重不足。询价采购也旨在锻造他们如何在市场中与商人打交道,促进他们在今后的日常市场交易中实现利益最优化。除此之外,在对项目村的农民访谈时发现,他们对自己临时选取的项目管理小组的工作表现赞不绝口,对资金支配的合理性认可度很高。农村税费改革政策的施行虽然减少了群众与基层干部之间产生纷争的缘起,但在有些村,干群间的矛盾格局不但没有得到实质改善,反而因为政府的各种支农惠农政策及资金落实的不公开、不透明,使得群众对村两委或受益户猜忌很多,结果进一步侵蚀了中国乡土社会下的农民之间相互信任、相互帮助的传统道德根基。农民自行采购建材让他们切实感受到资金使用的合理和合法,同时还能让他们理解基层政府以往工作的不易。这对改善干群关系,对基层政权权威的塑造,对农村的长远发展都意义重大。

四、竞争性谈判

乐施会援助行动的目标不仅仅在于改善项目村的物理条件,围绕提升项目村的综合可持续发展力,乐施会也期望以项目为载体,依赖各种机制的实践,促使项目村自我组织、自我管理、自我发展能力实现增强。实际上,乐施会更加关心后一个目标的实现,而为更好地实现这一目标,乐施会倾向以村民自建的方式实施农村项目。但在某些项目村,它的这一倡导没有得到响应,其原因是乐施会与基层政府、村两委对待自建施工的态度和看法存在分歧,而某些援助项目最终通过竞争性谈判选择工程单位,然后由专业工程队来实施建设就是这一分歧的产物[①]。

竞争性谈判适用于包工不包料和外包两种施工形式,一般由目标村所在县扶贫办组织开展。表面上看,仿佛是县扶贫办主导了竞争性谈判的整个过程,但实际情况并非如此。从谈判地点的选择、评标人的结构及承包方的最终选择办法等,我们可以推断出,县扶贫办在竞争性谈判中只担当了服务的角色,即配合和支持以项目村群众为主体开展的评标活动。按照竞争性谈判的一般程序,开展竞争性谈判前需要做好三个方面的准备,一是确定工程拦标价,这由乐施会委托当地有资质的机构评定完成[②];二是编制并发布《竞争性谈判报名公告》。公告内容包含项目概况、项目承包人资格条件、谈判程序、谈判文件领取途径、谈判时间、谈判地点等,这由县扶贫办协同项目村项目管理小组予以制定;三是确定评标小组

[①] 尽管《乐施会小型基础设施建设项目管理办法》规定:项目基建费用超过30万元人民币的项目必须通过公开招标的方式确定工程价格和施工单位;项目基建费用在10万元以上不足30万元的项目通过邀请招标的方式确定工程价格和施工单位,实际有效的投标的单位不得少于三家;10万元以下的项目由合作伙伴通过征询三个报价比选的方式选择适当的施工方,并公示结果,但乐施会已实施的外包项目(包括项目基建费在10万以上的),主要还是采用了竞争性谈判的方式确定承包单位,而且竞争性谈判的具体形式也各不相同。形成这一结果的原因很多,综合来看,这与乐施会扁平化的组织管理模式有一定关系。关于乐施会扁平化的组织管理模式以及由此体现出的组织灵活性问题,会在后文阐述,此处不再展开分析。

[②] 乐施会成都办:《乐施会小型基础设施建设项目管理办法》,2006年8月。

成员。评标小组成员的具体构成一般由县扶贫办和乐施会项目管理人员协商而定。通常,评标小组由项目管理小组成员、村民代表、县扶贫办、县技术监督员构成,但也有少数村的评标小组完全是由村项目管理小组和村民代表组成的(专栏5-1)。在竞争性谈判过程中,有两个原则必须遵守:一是避嫌原则。即与投标机构有一定亲缘关系的个人应被排除在评标小组之外,这对能否实现预期效果很关键。其原因是村内项目的工程量通常比较小,且竞标公告一般以口口相传、张贴告示等方式发布,这为距离项目村较近或本村施工队创造了机会的同时,也客观上提高了投标单位与评审小组成员之间存在亲缘关系的可能性①。在竞争性谈判中,这种亲缘关系需要避免。二是公示原则。即与招标相关的一切信息,包含竞标机构、机构竞标价、谈判监督成员、评标结果等都应该在公示栏进行为期一段时间的公示,以让农民知道竞标过程,发挥监督作用,避免人为操纵竞标过程。另外需要特别指出的是,对评标小组成员的公示需要在竞争性谈判开展前进行,这是因为尽管评标小组中的项目管理小组成员和农民代表是由项目村群众推选产生的,但因评标小组掌握着投标方是否能中标的绝对权利,而且仍有一部分群众没有参与对项目管理小组的推选,这就无法完全避免少数人猜疑评标成员权力寻租。从这个意义上讲,对评标小组的公示也是在塑造并提升评标小组的地位和权威,进而减少出现干扰项目顺利推进的因素。总之,遵循以上两个原则的目的在于降低竞争性谈判风险,提高竞争性谈判成功率。

　　竞争性谈判具体过程一般由以下几个环节构成:(1)评标小组审核标书。审查投标机构的资质和提供的标书及报价是否有效;(2)评标小组组长公布投标方报价。为了方便与会农民比对报价信息,最好能把每一个投标方的报价写在小黑板或稍大的纸张上;(3)围绕投标方实施项目的能力,投标机构的法人或法人授权人与评标小组展开互动;(4)投标机构进行第二次报价;(5)评标小组投票决定施工单位并公布中标机构名单。为了便于群众监督竞标过程,竞争性谈判的地点一般定在村委会或村学校等公共场所。需要指出的是,由于以包工不包料形式实施项目会适当降低利润空间,这在一定程度上影响到投标机构的积极性,进而对竞争性谈判的成功率产生负面影响。因此,针对少数只包工的工程,竞

---

　　① 在中国农村,人与人之间的关系表现出血缘和地缘相重合的特点,一个自然村由少数几个家族所操纵的现象随处可见。

争性谈判会依据实际降低标准,比如有些项目就对参与竞标的施工单位数量放宽了要求①。另外,采用竞争性谈判的方式对项目进行招标,招标过程重在"谈"和"判",因而评审小组成员的综合素质对招标效果非常关键。如果评审小组成员对工程缺乏足够了解,谈判过程就会重"判"而轻"谈",评标小组与投标单位的博弈能力就会大打折扣,竞争性谈判成效就难以全部发挥。

　　让农民参与竞争性谈判过程,以他们的意志来选择施工单位,也是乐施会援助项目中的一个创新。因为农民缺少文化,大多数人对农民存在偏见,认为他们缺少科学决策的能力,因此,涉及村的发展等问题,政府或其他专业人士喜欢替代农民做决策,然而,现实表明实际情况并非如大多数人所认为的那样。当我们赋予了农民话语权和决策权后,就会看到他们基于生活常理所做出的决策的价值、意义及正面后果。一次竞争性谈判结束后,笔者问及两位参与评标的农民代表选择的是哪家公司并阐述原因时,其中的一位回答说:"我选的是 HY,HY 老板说这是为自己家乡人做事,虽然是外包项目,但在建工程需要的劳力会尽量从村上找。第二家公司(一票未得)在讲的时候,就直接说事先没有来村工程点进行考察,我想这样的公司不可靠。"另一位说:"当时 HY 公司的老板说要亲自监管项目,我感觉那人很真诚,所以我就选它了。"从这两位农民代表的话中,我们能看出他们的选择逻辑,他们很关注公司的信誉,或是从公司责任人的话语或行为中寻找"德"。在中国的乡土文化中,"做人"和"做事"是两个不能分割的概念,只有做好了人,才能做好事,做好人与做好事之间存在内在的连带关系。其实农民的这种认识并非全无道理,在中国,一方面是经济至上价值理念的主流化,每个人都需要去挣更多的钱,以标榜自己的成功;另一方面是市场经济秩序尚不健全,人们规范意识、法律意识还需进步,这给一些"思维灵活的人"创造了走机会主义路线的机会。市场经济改革的几十年也是中国人民经受考验的几十年,市场经济体制强调经济行为是在合法的市场规范中运行,人与人的经济互动是以先于互动的经济秩序的建构为基础。但现实情况却是很多经济行为缺少秩序去规

---

① 按照要求,至少有三家或三家以上有资质的施工单位参与的竞争性谈判才是有效的。但在少数项目村重建项目中,由于工程量小且只外包施工部分,很多施工单位因此缺少参与的动力,导致参与竞标的施工单位总数不能达标。针对这一问题,乐施会认可县扶贫办在确保不发生串标的前提下,灵活处理竞标过程。

制,抑或是即使有规范,也因为与规范相关的执法和监督机制不全,规范很难落实。市场秩序的不规范以及人们追求财富欲望的高涨会使一部分人获利,也会使一部分人利益受损。当那些通过不合理的渠道获取利益的现象广泛存在并被普通民众了解后,处在弱势的一方就会对"正式文件"(主要指市场中的合同)的规范能力产生怀疑。因此,他们将"德性"作为评定是否能"做好事"的标准,既可以认为是我国乡土文化的延续使然,也可以认为是对凌驾于经济行为之上的各种规范的一种不信任而做出的必要应对。我们不需要去考量是否无"德"就一定不能做成好事或者有"德"就一定能做成好事,很明显,单就从形式逻辑的角度来看,这一推断就站不住脚。不过,这一选择逻辑在特定的时空和制度环境下,又有它的合理之处。农民缺少识别和监控能力,或是本该承担这一角色的规范不能发挥效应时,这也许是他们最好的选择。事实也证明,在 HY 公司的操作下,项目按质并如期得以完成,群众对项目的综合评价也非常高。

专栏 5-1　工程项目竞争性谈判的相关文件

YX 区 HY 村农渠工程修建项目竞争性谈判报名
公　告

1. 基本情况

本项目已由乐施会以《乐施会中国部项目概述和评审》(项目编号:CHN94795010909AD)批准建设,项目业主为乐施会,建设资金全部来自乐施会香港总部,项目已具备竞争性谈判条件。

2. 项目概况

本项目为 HY 村 1 900 米沟渠修复工程,工期 2 个月,在参与竞争性谈判的单位和个人中确定施工方。

3. 资格条件

本次竞争性谈判要求拟承包人须具备农渠建设经验和良好声誉的工程承包人或建设项目行政主管部门核发的工程承包三级及以上资质的法人单位,无不合格工程记录,并在人员、设备、资金等方面具有相应的施工能力。

4. 谈判文件的获取

凡有意参加谈判者,请于××年××月××日上午××时至××时,在 MY 市 YX 区 JN 路 193 号(YX 区畜牧局院内)持单位介绍信和相关文件获取谈判文件。

5. 谈判时间和地点

谈判文件于××年××月××日××时前递交到区扶贫办,并缴纳保证金5 000元。谈判时间为××年××月××日下午××时30分,谈判地点为XJ镇HY村村部。

6. 联系方式

项目业主:乐施会

联系地址:MY市YX区JN路193号

联系人:

电话:

××年××月××日

HY村农渠建设项目竞争性谈判规则

1. 承包商主体资格符合谈判文件规定。
2. 首先在××万元至××万元之间的报价中选择,如所有报价均未在此期间,在靠近上下线的报价中择优选择。
3. 承包人或公司的项目经理有农渠建设经验者优先。
4. 当出现承包商同时满足以上三项条件且差距不大的情况时,以乐施会项目人员××的意见为准。

××年××月××日

HY村农渠项目竞争性谈判操作程序

1. 由扶贫办主任××介绍谈判小组成员。
2. 由乐施会项目人员××代表出资人介绍项目基本情况和谈判规则。
3. 由区纪委执法室主任××确认程序。
4. 由建筑工程师××审查参加谈判承包商资格。
5. 参加承包商进行顺序抽签。
6. 分别进行谈判。
7. 集中进行磋商,确定中标单位。
8. 由乐施会项目人员××宣布中标单位。

××年××月××日

MY市YX区HY村
农渠工程修建项目竞争性谈判中标通知书

××:

由乐施会捐资的 YX 区 HY 村灾后重建农渠工程建设项目在和阳村进行竞争性谈判方式招标,你公司为中标单位,中标价为××××万元。请在接到本通知 7 天内,根据招标文件和招标确认的条款,签订该项目合同,抓紧组织实施,共同促进本项目建设顺利完成。

乐施会
××年××月××日

HY 村农渠项目竞争性谈判小组组成人员名单

姓名	单位	职务及职称	签名
××	乐施会	项目人员	
××	和阳村	管理小组成员	
××	和阳村	管理小组成员	
××	和阳村	支部书记	
××	YX 质监站	建筑工程师	
××	纪委	执法室主任	
××	扶贫办	主任	

五、项目管理小组间的组织协调

如果说项目村灾后恢复重建的前期规划是在扶贫系统和乐施会的协调组织下开展的,那么自规划以后,项目村农民的主体性就更加突显了,他们需要承担管理和监督甚至是实施项目的主要责任。农民主体性慢慢浮出的原因有两点,首先是在某个项目村内,对农民的赋权应当是一个循序渐进的过程,操之过急也会出现偏差;其次是当项目管理小组逐步走上成熟的时候,外部力量应当伺机赋权,如果继续抓得太紧,就很难实现以项目为载体,提升项目村自我组织、自我管理、自我发展能力的目标,亦不能很好地实现政府的组织领导和农民主体性发挥的融合。

项目实施启动前,村项目管理组织,包括项目实施小组、物资采购小组、财务管理小组、项目监督小组会不定期地召开各种形式的小组会议,会议主题包含:明确各管理小组的职责,制定小组间协调机制,对相关职责明确到人。比如材料采购时需要哪些人参与,谁来监管财务管理小组对资金支付使用等;讨论研究项目实施过程中可能出现的各种纠纷和问题,例如修建道路占用土地补偿问题、村民投劳任务的落实问题,尤其是针对外出务工户,如何保证这部分农户履行义务等;公共设施的后续维护机制的建立和责任落实等问题。需要指出的是,在召开项目管理小组会议时,一定要避免少数个体的话语霸权。按照乐施会对项目管理小组职能的设计,各分小组之间是一种相互协作、相互监督、相互制衡的关系,因此,每个议题都应当发挥各个小组成员的能动性,这是这一管理机制发挥价值的基础。

从对乐施会项目管理机制的介绍中,我们基本能够认识到村项目管理小组在整个机制体系中的重要地位和价值。在有些村,村民将一些普通老百姓推上了管理小组,甚至是实施小组组长的位置上,在这种情况下,项目管理小组和村内传统的权力组织即村两委之间的相处就成了一个新的需要探究的问题。

村项目管理小组是在项目村所在县扶贫办和乐施会的引导监督下,通过农民推选产生的。一个通过民选、民定的管理组织,其实质上与本村群众之间构成了一种权威关系。权威是权力合理化的结果,村的权力结构的重新组合在一定程度上意味着剥夺了村两委的权力。对于村两委来说,尽管这种丧失是暂时的,但受权力意识的驱动,他们仍可能会干扰新的权力组织的活动。由此,项目管理小组的理念和行为的自主性要以村两委自觉地暂时淡化权力为基础。另外,成立项目管理组织只是为了满足项目村恢复重建需要或是为摸索一种贫困村自我良性发展的机制而建立,这种具有极强的目的性和时效性而成立的管理团队,也面临着角色适应和对权力的时效反思的双重压力。针对这一问题,乐施会又是如何解决的呢?换言之,有没有一种机制在淡化了部分主体权力意识的同时,又实现了对另一部分主体权力意识的强化呢?一般而言,信息灌输和角色实践是实现主体认知结构发生变化的两种主要手段。因此,确定村项目管理小组成员并赋予他们权力以后,由他们来不断地召开各种形式的小组会议,是有利于增强管理小组成员权威性和权力意识的,这为他们在以后的活动中能按照管理职位的角色预期行事奠定了重要的基础。

当然,并不是每个项目村都需要经受这样的适应过程,乐施会倾向于支持村中有威信的干部承担项目管理职责,因为这有利于降低项目管理的风险,但是,其前提是必须尊重目标村农民的意愿,换言之,这一前提是在农民的选举行为不受外界环境干扰的情况下发生的,农民的选举过程是本着对自身或村的整体利益负责,以个人主体意识为唯一凭借决断力而实现的。

第二节　项目的具体实施和监管

项目的实施和监管与项目启动之间本没有根本的界限。事实上,项目启动中的许多环节标志着项目已正式实施。然而,本书之所以做这样的区分,是为了通过重点分析启动的几个阶段,去说明在项目开展中充足且有效的准备的重要作用。为了避免在概念上出现混淆,笔者于此处指出,本节所提到的项目实施和监管主要是指施工队正式进入施工现场起到项目完成所开展的一系列工作。项目的实施和监管是项目建设的主体环节,也是在项目村灾后恢复重建中产出直接效益和间接效益的重要阶段。如何让项目管理小组、县级扶贫办、乐施会、乡镇、省扶贫办充分发挥各自的管理、监督职能,如何创造条件让农民更好地使用监督权利等,是实现项目村重建预期效果的关键。本节主要以管理和监督主体各自所开展的工作为主线,从多个角度对项目村灾后恢复重建的实施和监管过程进行阐述。

一、项目管理小组对规划项目的实施与监管

村项目管理小组是代表本村农民意愿和利益而成立的临时性管理机构。在乐施会援助项目开展的前后,村项目管理小组始终奋战在一线施工区,直接参与项目实施,协调并解决项目推进中遇到的问题,监督项目实施质量及进度,统计资金使用和项目进度数据以及记载项目实施的痕迹等。诚然,以上事宜并非由村项目管理小组全盘负责,但一个符合乐施会项目管理机制要求的村项目管理小组于这些方面确实发挥着中流砥柱的作用。项目管理小组的职责划分比较明细,不同的小组承担不同的任务,关于这一点,在项目村灾后恢复重建规划一章中已有分析,此处不再赘述。

不同的施工方式,项目管理小组的职责是不一样的。相对于另外两种施工方式,采用外包方式,管理小组的工作量最小,任务最轻,他们只需要承担监管项目质量和进度,并记录监管信息的责任。不过,倘若项目以村民自建的方式开展,项目管理小组的任务就不会那么轻松。尤其是四个管理小组组长,他们需要不间断地处理项目建设中遇到的各种疑难点。例如笔者调查的某个项目村,村项目实施小组组长的妻子回忆说:"在搞工程的那段时间,他基本上都待在5、6社(道路整治项目)。每天一早就出门,晚上很晚才回来。我们家的玉米都是我自己收的,我在地里把玉米

捆好,晚上等他闲了后再往回挑。有一段时间我们都是戴着这个(她指着摆放在桌子上的探照灯)把苞谷(玉米)给扛回家的。"访谈结束后,调研组被组长的奉献精神和责任意识所感动。虽然这种现象不具有普遍性,但在采用村民自建方式实施项目的村落里,管理小组确实付出了很多精力和时间。为了突显项目管理小组的作用和地位,以及更深入地分析和说明乐施会的项目管理机制的设计意图,本节将集中关注用村民自建方式实施的工程,以介绍项目管理小组参与对项目的实施与监管过程。当然,本研究没有对施工和监管的全过程给予全景概论,而是以抓事物的主要矛盾为思路,通过对管理小组参与的重大事件或环节进行描述,让读者对村项目管理小组参与的项目实施与监管有一个更深入的了解。

(一)参与项目实施与监管

村民自建,顾名思义,就是农民自己投工投劳建设项目。这种自建是在科学理念的引导和先进技术支持下,依赖农民自选成立的组织并通过组织成员的切实管理开展的。项目管理小组成员在价值理念上强调相互之间的平等,这是实现小组间平等对话和相互监督制衡的前提。按照项目管理小组的职责设计,项目实施小组组长承担统筹和协调各小组间关系,不定期给各小组下发任务指令的任务。有时监督小组也会协助实施小组组长开展工作,这是因为在监督小组看来,每个小组的工作内容都是事先安排好的,如果有的小组没有履行职责,监督小组有义务对其给予提醒或惩罚。项目实施的准备工作就绪后,实施小组组长需要在项目正式启动的前一天或前几天通知各个小组开工日期,并要求各小组进入工作状态。同时,实施小组也要分别到参与投工的农户家里或通过电话告诉他们开工时间,并要求农民携带铁锹或铁镐等工具。一般情况下,参与投工的农民没有明确的工种划分,针对不同年龄和性别的人可能会承担不同的职责,但这些都是在现场临时分配的。与通知农民开工时间相伴随的是,物资保管小组需要将已采购回来的物资向施工区转移并交付给实施小组。通常,大宗物资比如水泥、河沙等采购回来后会直接卸放在施工现场,在这种情况下,物资保管小组只需要负责签发材料即可。而火药、雷管等危险物品或者其他贵重物品一般会在即将动工的前几日才会购买并储藏在较为安全的地方,实施小组需要专门安排人员来管理和使用这些物品。在项目实施过程中,财务管理小组需要确保账户有一定流动资金,并随时向各小组反映资金使用情况,配合物资采购小组和实施小组采购物资。而监督小组则跟班作业,每天在施工现场检查物资使用是否合理,农户的义务投劳是否有效,并负责对公示牌内容进行实时更新。按照乐施会对资金使用和物资采购的管理程序,援助资金是分批次下拨的,相应物资也是分批买进的,这有利于降低风险并能锻炼管理小组的工作能力。进入施工期后,物资保管小组会实时关注物资剩余情况,财务管理小组也会关注资金使用情况和银行存款的剩余额。在发现物资不足或账户余款不多时,两个小组就要向实施小组反映情况。项目实施小组获悉后,将协调资金管理小组上报资金划拨申请并帮助采购小组完成第二次物资采购。当然,项目的管理小组成员并非就是纯粹的管理者,在很多的情况下他们也会参与建设项目。如果他们是受益户并分配有一定量的义务工,他们需要与其他人一样承担建设任务。显然,这会进一步强化他们的权威,对处理项目推进中遇到的争端和各种问题将有所裨益。

(二)协调解决项目推进中出现的问题

采用村民自建的方式实施项目不总是一帆风顺,例如,在乐施会援助的修路项目中就曾发生过这样的现象,某村民在修路修到自己家门口时自觉或不自觉地拓宽路基或者增加路面水泥厚度,这是有违工程设计要求并会降低资源投入效率的。当这一问题被其他村民或监督小组发现后,监督小组就会拿着标尺实际测量数据并与道路设计标准相比对,在证据确凿的情况下,"违规"农民很快对自己的行为做出调整。总体来说,相对于村民自建,采用外包和包工不包料施工可能遇到的问题要多些,主要是因为这两种施工方式给承包商的投机取巧行为留下了可操作的空间。如果监督小组或农民在项目建设期间发现了问题,监督小组连同其他管理小组成员将会一起向承包机构交涉,责令承包商按照合同的要求行事,以确保所建项目符合设计。乐施会资金的分批拨付,意味着对承办商报酬的支付也是分批完成的,这为村项目管理小组向承包机构交涉增添了力量。总之,充分的准备是防止意外事件发生的主要手段,而有效监督又是将意外事件扼杀在摇篮中的主要办法,当然,这些都是可以在村项目管理办法的建构和落实中得到实现的。

(三)信息资料统计

项目管理小组统计的信息内容主要包括项目实施进度和账务发生情况两个方面,对于这两方面的信息一般由项目实施小组和财务管理小组统计完成。资料的统计并不是件很难操作的事情,但关键要落实责任人而且责任人要有充足的时间去实施这项工作。针对数据资料的实时统计是很有必要的,究其原因有三个方面:首先,按照乐施会项目管理办法的设计,项目实施进度和财务发生情况要在公示牌中反映。因为只有这样才能保障受益对象去行使监督权,也只有这样才能或多或少地避免行动主体的投机取巧;其次,乐施会比较关注项目推进的精确性,换言之,项目资金使用和项目进度之间具有相对稳定的或者可预见的连带关系,这种关系是在项目启动之前通过县扶贫办的实地预算,然后通过第三方造价公司的复核确定的。当项目的实际进度和预算之间出现偏差时,乐施会期待合作伙伴能及时发现并指出其中的原因。如果是因不可预见的因素改变了预期,乐施会会出具正式的文件批准项目管理小组动用不可预见费来补充资金的不足。相反,如果是受少数个人的操纵,使资金出现流失,那么这一机制就能起到纠偏作用。同时,乐施会的资金是按照项目进度分批拨付的,而这些数据信息是它分析是否要进一步拨付资金的主要依据;第三,项目村灾后恢复重建涉及很多利益群众,在推进的过程中也会遇到各种各样的"内忧外患",有些问题可以在村内通过项目管理小组的协调解决,而有些必须通过县或省级扶贫部门应对处理。另外,项目村灾后恢复重建是国家贫困村灾后恢复重建的一个重要组成部分,如何更好地支持并确保项目村实现合理重建和发展,并从中总结出包括政府及很多旨在促进农村发展和应对农村灾害的社会组织所关注的好的经验和做法等,都需要项目实际操作者去提供规划实施进度数据和资金使用数据。当然,从反方向来看,项目管理小组定期记录数据信息并向政府部门反馈,也为政府监督项目村重建提供信息支撑,针对这一方面的内容还将会在县级和省级扶贫部门参与对项目村恢复重建的监管中有所论述。

(四)痕迹管理

所谓痕迹管理是指管理主体对所管理对象的运作过程进行不留间隙或死角的缜密的工作记录。针对项目村灾后恢复重建的痕迹管理,乐施会的要求并没有那么严格。在项目村,承担痕迹管理任务的一般是项目管理小组成员,这是因为他们通常都有一定的文化,同时也能系统全面地了解项目实施的全过程。乐施会建议每个小组的组长都能对项目运转所发生的事件有所记载,进而有利于实现外部主体的监督和后期审察(专栏5-2)。表面上看,痕迹管理不难操作,但事实却并非如此。一个好的痕迹管理者需要具备一定的灵敏性,他需要从众多的信息中筛选出哪些是重要的并给予记载。有的时候,痕迹管理人员会想当然地认为某些事件本是习以为常之事或者受特殊观念的影响,认为某些内容不需要记录,为了防止发生这种现象,乐施会的项目官员在要求管理小组组长承担痕迹管理职责的同时,也会对他们的行为进行规范。比如,设置固定的格式或者强调需要着重关注哪些内容,以强化他们对某些信息的关注。

专栏 5-2　YT 乡 JQ 村乐施会援助项目施工记录

时间:2009.8.11。工作任务:各项目管理小组组长研究灾后重建实施方案。地点:饶家语家。参加人员:刘从银、杨邵兴、吕兴三、杨进武、饶家语、张光明。无办公费用支出。

时间:2009.10.22。采购碎石:18 m^3×每立方 90 元,合计 1 620 元;购粗沙:6.5 m^3×每立方 160 元,合计 1 040 元;购水泥:5 吨×每吨 420 元,合计 2 100 元;购电线:8 卷×每卷 400 元,合计 3 200 元;购钉子、铁丝:各 3 斤×每斤 2.8 元,合计 16.8 元;购斗车:4 个×每个 320 元,合计 1 280 元。参加采购人:刘从银、杨邵兴、吕兴三、饶家语。该材料由物资管理组组长张光明签收。

YT 乡 JQ 村四社乐施会工程实施小挖掘机清水沟施工记录:10 月 26 日,工作 9 小时;参加人员:刘志文;10 月 27 日,工作 8 小时;参加人员:吕兴山、刘志文;10 月 28 日,工作 7 小时;参加人员:吕兴山、刘从银;10 月 29 日,工作 8 小时;参加人员:吕兴山。

从项目运转的角度而言,有效的痕迹管理能起到预防机会主义行为发生的效果,为项目资助方展开审计提供可参照和有说服力的依据。然而对于一个力求可持续发展的 NGO 来说,痕迹管理的意义远不止这些。乐施会开展救灾和扶贫的资源主要源自香港市民和商业集团的捐赠,这些捐赠资源是乐施会得以生存和发展的源泉。如何保证资源供给的连续性,以为乐施会开展更多的扶贫和救灾行动提供支撑,是乐施会管理者必须认真对待的重大事情,归根结底,就是如何提高 NGO 公信力的问题。在这个环节上,乐施会需要确保合理地使用资金,并能让捐赠者确信资金使用的合理。对于很多捐赠者来说,如果他们认可乐施会的项目管理模式并能通览资源使用过程的原始面貌,他们对乐施会的认可度将会进一步增强,而痕迹管理或多或少地就能发挥这样的功能。

二、县级扶贫部门对规划项目的监管

项目村所在县扶贫办是乐施会援助项目法律意义上的责任人,他们对项目村灾后恢复重建富有直接的监管责任,具体包括技术指导、资金划拨、进度督促、质量监测、报告撰写、经验总结等方面。

(一)技术指导

社区参与式方法是乐施会推进落后地区发展的主要方式,在以村为目标单位的贫困村灾后恢复重建中,乐施会沿用了传统的工作方法。当然,社区参与式方法也是我国政府倡导的一种促进贫困村脱贫发展的战略手段。经过多年的扶贫实践,扶贫系统培养了一大批熟悉社区参与式工作模式的人员,这对项目村合作项目的顺利开展起到很重要的作用。汶川地震的突发以及随之开展的紧急救援和灾后恢复重建是乐施会在成都建立办公室的主要原因。为了满足灾区的需求,这个人数不多的团队承担了大量的任务,而与扶贫系统合作开展贫困村灾后恢复重建,从某种意义上也有助于减轻他们的工作量。在乐施会的倡导下,项目村所在县扶贫办也担当起参与式理念推行和工作方法实践的角色,他们经常深入到村向群众介绍参与式方法的意义和细节,动员群众参与管理项目。同时,经过多年农村工作的磨炼,县扶贫办对农村基础设施的建造规格、设计标准等都很熟稔,这为村民自建小型基础设施提供了不可或缺的技术指导。

(二)资金划拨

按照合作双方达成的共识,乐施会援助资金直接划拨到县,然后再由县下拨到村①。当然,涉及一些较大的款项,县扶贫办出于减少资金流转风险的考虑,也会以转账的形式将资金直接支付给承包商或材料供应商。乐施会之所以把资金划拨到县而不是到村,是因为这种方式更有利于县扶贫办发挥对项目的监管作用。试想,如果将资金直接划拨到项目点,就意味着减少了一个资金监管主体,更为重要的是,它会削减县扶贫办管理项目的权力和动力。不过,这种资金管理与划拨的方式也存在一定风险。如果村项目管理小组的力量不够强大或者县扶贫办不愿意真正地赋权于项目村,那么项目运行就很容易被县扶贫办所操纵,目标村的自我组织、自我管理和自我发展的能力就难以在项目建设中得到提升。

(三)监测进度和质量

督促目标村加快项目实施进度是县扶贫部门的职责之一。按照常理,代表项目村农民利益的项目管理小组理应竭尽全力提高项目建设的效率,因为这能让他们尽早受益。但现实情形却并非如此。尤其是在灾

---

① 并不是每个项目点的资金都是按照这个路径下拨的。有的项目资金被划拨到了县(区)灾后重建账户,这就需要项目管理小组严格按照灾后重建资金管理办法(报账制)去提取资金。

后重建任务重及外出务工导致劳力不足的村里,项目建设会因人为因素或组织协调不合理而被拖延。从县扶贫办的角度,它督促项目村加快实施进度,除了受到"又快、又好"一般意义上的处事原则的驱使外,还在于上级部门和乐施会对县扶贫办施加的压力。项目村灾后恢复重建是地震灾区灾后恢复重建的组成部分,按照国务院下发的指令,四川、甘肃、陕西三省灾区灾后恢复重建工作必须在 2010 年 9 月 30 日之前完成。作为一项政治任务,各级政府不敢懈怠。此外,在乐施会的项目管理办法中明确规定,已签订实施协议的项目必须按照项目建议书设计的工期计划开展,如果项目进展与工期计划不一致,县扶贫办就需要撰写报告给予说明,而它极不情愿做这些"多余"的文字工作。通常,县扶贫办到村督促进度是与检查项目建设质量一起进行的。县扶贫办必须确保在建项目符合设计标准,因为一旦项目出现质量问题,它将会被省级扶贫办和乐施会问责,并要负责整改。

(四)报告撰写

撰写报告和围绕报告信息开展一系列资料收集活动是项目村所在县扶贫办的重要职责之一。项目启动后,县扶贫办通过不定期的实地走访了解规划项目开展情况和定期从项目管理小组那里收集进度数据,以为报告的撰写提供信息支撑。按照乐施会项目管理制度的要求,在项目实施的中间环节,县扶贫办要提交项目实施进度报告和资金使用明细报告,这是乐施会监管项目是否按照预期计划和有效开展的主要考察机制,同时也是乐施会决定是否可以进一步拨付资金的主要凭借(专栏 5-3)。不过县扶贫办所要撰写的报告远不止这些,除了要向乐施会提交报告外,对于实施好的村,还需要向上级扶贫办提交经验总结报告。这是因为扶贫系统与乐施会合作开展贫困村灾后恢复重建,除了有整合社会资源、加大对灾区贫困村资源投入力度的初衷外,还期待通过双方合作摸索出一条贫困村益贫和减灾的好路子,而这些经验由直接管理项目和具备经验提炼能力的县扶贫办来总结是最为合适的。

专栏 5-3　K 县 NB 乡 AJB 村乐施会项目进度报告

项目伙伴:GS 省 K 县扶贫开发办公室
项目名称:GS 省 LN 市 K 县 NB 乡 AJB 村灾后重建项目
报告人:QMY
报告日期:2009 年 12 月 1 日

1. 项目进度与工作计划比较。

1.1 AJB 村已执行项目有村内道路硬化及排水工程、沼气池建设。未执行的项目有圈舍配套建设工程。

1.2 村内道路硬化及排水工程已完成任务的 90%，沼气池建设已完成任务的 60%。

2. 项目成效与项目目标比较。

2.1 AJB 村道路硬化及排水工程，我办委托招标代理人"CX 建设监理咨询有限公司"，通过招标程序，由中标方"HXJA 建设有限公司"施工，截止到 2009 年 12 月已完成 ZJP 和 XMW 二处路基土石方工程、混凝土路面工程和排水渠工程，其中 ZJP 社已全部完工，XMW 社完成 80% 工程量。

沼气池建设项目由县能源办派技术员指导农户实施，已完成 120 户，圈舍建设由农户自建，已完成 60 户。

2.2 由于"5·12"地震影响了该村房屋、公共基础设施及经济等各项事业的发展，目前面临的最大的困难是村内道路硬化及排水工程，通过扶贫办和乐施会前期开展评估工作，召开村民代表开会商议，在项目工程的实施过程中，投工投劳有一定的困难，道路硬化及排水工程只能以"外包"的形式实施，沼气池和圈舍建设由农户参与实施。

在项目实施过程中，县扶贫办委托"CX 建设监理咨询有限公司"对项目实施进行全程监督，对施工的全过程进行严格控制。同时，该村村民还成立了由 6 名村民组成的监管小组，轮流在工地对施工队实施的工程质量进行监督，保证项目的质量。该项目工程建成后（项目周期内）将由村民商讨后期维护管理办法，并切实落实维护责任，保证工程长期发挥经济、社会效益。

3. 现有项目管理机制运作情况。

县扶贫办是该项目规划的组织和协调机构，负责确定实施的项目村筹措、落实所需资金，组织有关部门和社会各界参与规划与实施管理工作。县交通局、水电局、建设局和县有关业务部门负责提供技术指导和服务，配合搞好培训和质量监督、竣工验收，提供报账资料。乡党委、乡政府负责组织村组干部和农户积极参与项目的实施工作，参与工程的招投标工作，协商工程中出现的纠纷问题。村实施小组参与项目规划和实施、参与工程招投标工作、物资质量和工程质量的监管，协助县扶贫办监督项目的实施。

4. 该项目委托 CX 建设监理咨询有限公司进行项目的监理工作，对该项目实施进度、质量等进行监督,保证项目按期保质保量地完成。

5. 财务管理。

5.1 资金使用情况(与预算作出比较):文字描述见下表。

项目活动计划	预算(元)	乐施会资金(元)		合作伙伴资金(元)		实际总支出(元)	其他收入(若合适)
		预算	实际支出	预算	实际支出		
道路硬化及排水工程	757 011	637 011	140 000	120 000	120 000	260 000	
沼气池和圈厕	320 000	320 000	150 000			150 000	

该项目的实施在三家投标单位中选取了最低价中标单位。

5.2 财务管理制度运作情况。

在资金管理中,推行预拨款报账制度。在项目实施前,对列入规划项目,由县扶贫办预拨30%的资金作为项目实施和物资采购的启动资金,结合施工单位垫付等方式共同实施项目。在项目实施过程中,实施单位按照项目建设周期,分期分批将原始有效凭证报村项目实施监督小组审核签字进行汇总,编制报账材料,经县扶贫办审批后拨付资金。结合乐施会财务管理细则要求,保证项目资金公平、合理的使用。保存好项目支出的相关票据以备审计之用。该项目资金由乐施会拨付到县扶贫办统一管理,过程中需要村民的参与和管理,并提供相应文字材料,保证村民组织或代表在项目实施过程中发挥的作用。

6. 经验总结。

6.1 该项目建设大大提高了群众参与的积极性,提高了性别的公平意识、态度,提高了女性参与社区公共事务的意识,锻炼了妇女代表的能力和胆量。该项目工程的修建能够保证妇女和儿童的生命安全,能解决当地群众的生产和生活困难。减少妇女的后期劳动量。

6.2 AJB村项目工程建成后,当地会产生很大的改变。通过修建村内道路硬化、沼气和圈舍、技术培训等项目,能够在社区灾后重建中对村民起到很好的鼓励作用,增加社区群众重建美好家园的信心。同时可以促进他们参与到社区公共事务工程的管理,提升了村民民主参与的意识,为后期社区重建起到很好的机制建立示范作用。

6.3 该项目的成功实施,将有效地改善项目区群众的生产生活条件,农民群众物质文化普遍得到提高,对我县的扶贫攻坚起到了激励和示范作用,特别是为推进扶贫项目的科学管理、推进参与式方法的普遍应用等提供了非常宝贵的经验。

此项目是乐施会在K县与扶贫办合作的第一批项目,通过项目的实施,扶贫办能够很好地了解乐施会项目操作要求和流程,为后期的长期合作奠定了良好基础。

6.4 建议尽快按计划拨付项目建设资金。

7. 跟进工作。

相片及相关材料附后。

8. 项目需要调整的申请。

由我办牵头实施的NB乡AJB村灾后恢复重建项目村沼气和圈厕项目,原定80户每户补助0.4万元,其中,沼气:每户补助0.18万元;圈厕:每户补助0.22万元。由于AJB村属我县灾后重建重点村,该村已整合其他部门资金进行产业和生计的恢复重建。目前由于建材上涨,重建户已透支家庭积蓄,再无法进行建房以外的附属建设。为更好整合资源,合理利用有限的资金,进一步扩大受益面,提高项目效益,经扶贫开发领导小组和村民代表联合研究决定,沼气项目由县能源办统一实施,将AJB村原定80户项目农户调整为160户,圈厕项目由扶贫办负责实施。因此,我办拟将乐施会在安家坝扶持援建实施的80户沼气和圈厕项目调整为160户的圈厕建设,每户按0.2万元补助,请审批。

三、乐施会对规划项目的监管

乐施会对目标村的项目监管通过五个途径开展,具体包括造价复核、实地访点、分析合作伙伴上报的报告材料、受理项目村群众的反馈意见及监管财务。

(一)项目监管

1. 造价复核

造价复核本是项目规划中的一个环节,是在项目村所在县递交项目预算报告之后对预算的科学性进行考证的过程。造价复核是乐施会监管项目的一个重要手段,开展造价复核的人员一般是项目点附近、对项目村所在地的自然环境比较熟悉的且有资质的造价工程师。乐施会开展造价复核的目的是确保项目设计的科学性。他们认为,这是一种防患于未然的办法,与其让项目在运行中可能遇到大的风险,还不如在项目未启动前通过更缜密的手段减少这种风险发生的可能性。不过对于乐施会来说,造价复核的意义可能更为深远。对于一个NGO,公信力是其生存之本,一个不能够很好地向社会说明捐赠资源是否使用安全或是否发挥预期效果的NGO,将很难实现长远发展。乐施会对援建项目村的小型基础设施的造价进行复核,是能达到依靠第三方实地勘察并验证资源投入合理性的目的的。在中国对慈善资金的监管制度体系还不健全的现实背景下,这一验证过程能够弥补这方面的不足,进而有助于保持和提升机构的公信力。

2. 实地访点

实地访点是乐施会项目官员监管项目最主要和直观的方法。不同的项目官员到村的访点方式会有所不同,但大多数官员会选择召开群众大会。一般而言,大会由项目管理小组和农民代表参加,乐施会会组织农民一起实地查看实施项目。会上,乐施会项目官员会重申乐施会性质及资金来源,以让受益对象更加珍视援助资金,同时,他们也会重复讲解项目管理的细节和管理机制设置的缘由,以补充他们管理项目的技能及强化农民对这一模式的认可。实地查看施工现场是为了检查在建项目是否达标。乐施会到村进行访点有一定的规律性,他们一般会在项目启动初期、实施中期和后期分三次开展实地访点。当然,有的项目官员会认为应该有更多的访点,在他们看来,工程的实施是由很多环节组成的,环环相扣,一个环节完成后,需要进行验收合格后再进行下一个环节可能更恰当。比如,访点的时候只能看到路面情况,路基是否符合要求就很难了解。当然,有的项目官员习惯采取入户走访的形式力求获取更多的信息。比如,某项目官员说:"我到项目点走访会问农民项目管理小组成员是如何选取的,我可能更倾向于想知道他们是否关心这个项目。我会问被访对象项目规划的资金预算,以此想知道财务是否公开透明。通常,我也希望通过走访了解项目开展的影响,包括好的方面与不好的方面。比如修路,是否会对当地生态环境造成破坏。另外,在走访调研的过程中,我会着重关注女性的看法。"

在很多乐施会项目官员看来,到项目点走访才是了解项目实施真实情况的最佳途径,并且更多的实地走访也体现出对资金使用的缜密和对捐赠者高度负责的态度,有利于增强组织的公信力。不过,乐施会扁平化的组织结构和相对宽松的权力环境给予了每个直接管理项目的工作人员较为充分的决断权的同时,也意味着他们将承担更多的责任,进而强化了他们的谨慎意识,结果导致一些项目官员会采取更多的访点行动来确信合作伙伴的行动和项目的境况是符合要求的。

3. 报告监管

项目报告旨在反映截至某时间项目已执行和财务发生情况。项目中期进度报告和财务报告是以项目村所在县扶贫办掌握的资料为依据并由他们所撰写。进度报告不仅仅是乐施会项目官员远程考察项目运行情况的手段之一，也是乐施会管理层熟悉项目运作情况的重要渠道。一般情况下，进度报告包含项目进度与工作计划的比对分析、项目成效与项目目标的比对分析、项目管理机制运转情况、项目推进存在的问题及拟解决的办法、跟进工作安排等。项目财务报告主要包括四部分内容：简述合作伙伴项目财务管理及控制情况、项目收款明细、项目支出明细、10%以上（含10%）超支或节约资金分析及重要会计事项说明。项目财务报告是按项目预算框架和口径编制，从而实现项目实际支出与预算相对应，有效反映项目预算计划执行情况，并保证报告内容真实、完整，数字准确无误[①]。

乐施会项目管理人员在收到进度报告后，会将实施进度和财务发生数据与建议书中的计划信息进行比对，来辨别项目运行的顺利与否，并决定要不要跟进拨付资金。需要特别指出的是，虽然资金的拨发额度与项目进度之间的关系在合作双方签订项目建议书后已达成一致意见，但往往因为气候条件等因素的限制，实际工作很难按照预计的工期推进。项目正式启动后，乐施会按照计划先拨付部分款项给县扶贫办，对于下一笔资金的拨付时间，尽管乐施会会参照建议书中的时间履行，但它更倾向于在知道已花费资金是否完成了可开展的工作量后，再采取行动。当乐施会已拨资金即将耗尽时，县扶贫办便开始着手撰写项目进程报告和财务报告并提交给乐施会，以申请下一批款项。如果项目实际推进进度与预计时间相比有所滞后或提前，县扶贫办需要在报告中说明原因。通过报告的方式，乐施会实现了对项目进程的滚动监管。

当然，项目预算并不一定都是精确无误的，一些不可预期的因素是导致预算不精准的主要原因，出现这种情况时需要调整预算。比如，灾后重建项目的集中涌现致使各种建材的市场价格极不稳定，有时，采购小组实际购买材料时的价格可能略高或略低于先前的询价，而这些变动需要县扶贫办向乐施会及时反馈。总之，如果项目村需要对项目内容或财务预算做调整，县扶贫办应当与负责该项目的乐施会项目人员进行沟通并提交书面调整申请，相关的调整计划必须等到乐施会出具正式批文后才能实行。

---

① 乐施会成都办：《项目进度报告内容指引》，2009 年 11 月。

4. 意见受理

项目村群众是乐施会援助项目的受益主体和监督主体。乐施会认为,项目实施的好与坏、优与劣、满意或不满意,受益对象的意见应该被置于首要位置,同时,它也相信监督小组和农民的监督行为是能够起到很好的成效的,其缘由是监督小组和群众有足够的时间、动力以及成本优势监督项目,而通常大家所担心的,监督小组缺乏与施工单位博弈或少数个体缺少与项目管理小组之间交涉的能力尽管存在,但这些"知情人"至少能发现问题并可以将这一发现反馈给县扶贫办或乐施会。在项目实施中发现问题而后及时处理,要优于项目完成后再总结问题和进行整改,这是乐施会千方百计地向群众和监督小组讲解监督的意义和传授监督方法,旨在发挥他们监督作用的主要原因。前文对公示制度已经做了详细的介绍,公示栏不仅仅发布项目的预算和资金使用情况、项目设计以及进度等内容,同时也会向农民反映意见受理制度。通常农民会选择将发现的问题向乐施会反馈。乐施会在接到农民的意见后,一般会与省扶贫办商讨解决的办法,期望通过扶贫系统内上级对下级的行政指示,责令相关组织或个人对问题部分进行整改。当然,乐施会内部也会出具正式文件要求合作伙伴拿出整改意见,对合作伙伴施加一定压力。

(二)财务监管

乐施会在项目实施前对相关的市县扶贫办工作人员进行了项目财务培训,要求项目的财务运作严格按照《乐施会项目财务管理办法》进行,并且在项目实施前签订项目协议书,以明确双方具备的权利和履行的义务。财务监管大致可分为:项目收入及账目管理、项目支出及账目管理、项目费用管理、项目票据管理、项目财务报告监管、财务监督与公开以及预防性财务监管措施[①]。

1. 项目收入及账目管理

在项目实施过程中,乐施会首先向县扶贫办拨付项目启动资金,县扶贫办收到项目资金后填写《收款回执》,将其反馈给乐施会。同时,县扶贫办将项目拨款进行入账。为了保证收支两条线核算,银行或财务扣除的手续费等项目管理费作为一项费用从项目支出中核销,而不是以收支净额记录收款数。乐施会会要求县扶贫办将接受的项目资助按资助者、分项目设立明细账,从而保证资金来源及用途的清晰明确。乐施会在项目

---

① 乐施会:《乐施会项目财务管理办法》,2009年11月。

拨款后产生的银行存款利息归该项目所有,并计入项目资金收入。

2. 项目支出及账目管理

乐施会要求县扶贫办按照项目预算的框架和口径进行支出,并设置项目支出明细账,从而保证项目实际支出与预算基本相一致,这样操作的核算结果能够反映项目预算完成情况,有利于撰写财务报告。同时乐施会要求对于同一期有一个以上的项目,每个项目都需建立独立的明细账。单独的一个项目中的各个子项目以及相关的费用也要建立相应的明细账,保证每一笔花费都有据可依。

3. 项目费用管理

村项目工作组在项目实施过程中所有的支出应取得有效的票据或收据,在财务复核和项目负责人审批后才能报销。费用的报销需要严格依据项目预算内容、标准和用途进行,并且在票据上标注乐施会项目名目及其项目编号。在使用超出项目计划之外的经费时,县扶贫办要征得乐施会负责项目干事的书面同意后,才可以支出。如果项目有变更,村项目工作组要通过县扶贫办与乐施会工作人员沟通并提交书面报告,在乐施会批准后才能变更资金的用途。

4. 项目票据管理

村项目工作组需要保留有效的原始单据,并且在有些项目中除了有正规的发票外,还需要注明相应的明细资料,以便于乐施会对项目支出进行审计,具体包括:"在酒店举办会议或培训报销食宿费、会议室租金需要在发票后粘贴酒店提供的结算明细清单;报销餐费需要说明用餐日期、用餐人、报销理由;访点或考察报销租车费需要在发票后注明用车期间、用车人、目的地、用车目的、租车单价等信息;回程交通费回程票据必须寄回(大城市适用。偏远地方以花名册签收预支等处理,当交通补贴);报销必要的办公用品或文具需要在发票后附超市小票或明细清单;报销打印费或复印费需要在发票后附打印或复印资料的名称、数量、单价等信息;支付基建工程款,购买大宗赈灾物资,需要附上支持此项付款的相关文件、审批资料、合同或协议书等。"①乐施会明确要求县扶贫办及村项目工作组在进行询价购买施工材料时,不得以货物供应商的价格优惠、批发或者避税为由而不索要发票。有些项目村村民投工投劳需要向其支付一定的工资、补助等,这需要村项目工作组自己制作相应的单据,单据制作的依

---

① 乐施会:《乐施会项目财务管理办法》,2008年5月。

据是预算的开支内容,而且需要市县扶贫办负责人、村工作组组长的签字、盖章,最终上报乐施会。如确实存在特殊情况不能开具正规发票,乐施会将酌情考虑接受白条报账,但必须做出相应的说明,并由县扶贫办负责人、村项目工作组组长、监督组组长签字、盖章。

5. 项目财务报告监管

乐施会要求合作伙伴根据项目协议,按时向其提交中期项目财务报告及项目结束决算的财务报告。定期提交项目财务报告是乐施会的一个重要的财务监管手段。如前所述,项目财务报告主要包括简述合作伙伴项目财务管理及控制情况、项目收款明细、项目支出明细、10%以上(含10%)超支或节约资金分析及重要会计事项说明。该报告是按项目预算框架和口径编制的,这样可以让乐施会有效地对项目的财务进展情况进行监测,并对需要做调整的地方做出及时回应。专栏5-4反映的是JQ村五、六社社道建设项目财务进度报告。

专栏5-4　SC省NJ县YT乡JQ村灾后重建五、六社社道建设项目财务进度报表

资金使用情况(与预算作出比较):文字描述见下表。

项目活动计划	预算	乐施会资金		合作伙伴资金		实际总支出	其他收入(若合适)
		预算	实际支出	预算	实际支出		
挖机租金	20天×3200元/天=64 000元	64 000	282.4小时×440元/小时=124 256元			124 256	
条石	300m³×150元/m³=45 000元	45 000	707.38m³×110元/m³=77 811.8元			77 811.8	
涵管	29根×220元/根=6 380元	6 380	38根×220元/根=8 360元			8 360	
县项目管理费	8 480元	8 480元	1 525			1 525	
合计	123 860	123 860	211 936			211 952.8	

实际支出与预算差距的原因:一是在土方开挖原预算 64000 元。开挖时正值雨季,塌方增多,截至 2009 年 10 月 26 日,实际使用挖掘机 282.4 小时,按实际开挖费 440 元/小时计,已支出 124 256 元。二是滑坡严重,档土保坎由原设计的片石水泥浆砌改为条石安砌。三是开挖路面不需爆破,应取消炸药、雷管支出。四是涵管用量增加。因此,在不改变项目资金投入总量的前提下,我们同时上报了调整预算申请。

管理制度运作情况:村有具体的工作管理流程,并严格执行。

NJ 县扶贫开发办公室
2009 年 11 月 16 日

6. 财务监督与公开

乐施会作为一个公益性组织,非常注重资金使用的公信度。在项目财务管理中,它要求县扶贫办及村项目管理小组建立必要的财务管理制度,定期向村民公布财务,接受乐施会、村民工作组成员、村民及社会各界的问责,以提高项目财务运作的透明度,确保项目资金安全。

7. 预防性财务监管措施

在项目财务管理中,乐施会不允许任何违反法规、不诚实、蓄意隐瞒事实等行为。如"将已注册机构把项目资金转存入个人储蓄账户;采用虚假票据报销套取项目资金;恶意运用会计技术方法套取现金和避税;伪造经济活动和支出资料报销;编造虚假报销凭证,并采用假签、代签、仿签名报销;故意向员工或对外公布虚假会计信息;发票、账本和报表严重涂改的情况;报销票据频繁遗失或应取得发票却以白条报账并多次出现等。"[1]与此同时,乐施会作为一个接受社会公众捐款的民间机构,非常注重对项目的财务管理。合作伙伴因资金、项目出现严重失误时,乐施会将依据项目援助协议中止拨款,追回已拨款项及使用项目资金购置的物资,并保留通过包括法律诉讼手段解决问题的权利。这些预防性措施保证了乐施会能够有效地控制和管理灾后恢复重建项目资金。

四、省扶贫办对规划项目的监管

为了加强对项目村灾后恢复重建的监督与管理,及时与乐施会合作处理项目村恢复重建所面临的挑战,省级扶贫办安排了专门的项目协调员负责联络和处理与项目村建设相关的日常事宜。如前文所述,项目协调员的职能范畴涉及项目村重建的始终,包含从前期协调项目村的遴选、

---

[1] 乐施会:《乐施会项目财务管理办法》,2008 年 5 月。

参与项目村重建的规划和管理制度的建立,到中期的实地检查和监控项目实施效果、研究项目推进中存在的问题并适时与乐施会和县扶贫办协调解决,再到后期的项目验收和经验总结等。总之,项目协调的中心任务是确保项目村恢复重建进行得更好、更快。围绕着这一工作目标,可以将项目协调员的实际任务划分为两大部分,一是发现项目村恢复重建遇到的问题,二是协调解决这些问题。

(一)发现问题

发现问题的途径有很多种,为了系统、全面地认识发现问题的路径,我们将其分为制度化的方式和非制度化的方式两类。制度化的方式为每月收集项目村审批进度和实施进度的数据。审批进度涉及乐施会援助资金内容及规模、项目规划资金、项目审批资金、项目审批进度、乐施会援助资金总额、截至某时间落实资金、项目推进存在的问题、该村项目建议书编制负责人及联系方式等信息。实施进度表具体覆盖贫困村灾后重建的六大类近 40 个小项目,这样可以让项目村项目管理人员对号入座地填写灾后恢复重建规划资金额度和来源,以及落实资金额度和来源,力求实现项目村灾后恢复重建进度统计的全面且细致[①]。非制度化的方式依靠实地走访、电话沟通、邮件交流等形式,旨在更深入地了解问题及其产生的原因。与前者带有强制性色彩不用,后者主要通过项目协调员分析进度数据,发现"问题项目",而后主动与项目点所在县办负责人和乐施会项目干事展开互动,进而从多个角度去发现并总结项目开展的障碍性因素。比如,通过分析进度数据和收集汇总信息,项目协调员会以文字报告的形式将问题给予总结(专栏 5-5)。

专栏 5-5 项目协调员总结报告的项目问题

(1)实施进度略显迟缓。截止到 2010 年 6 月,第二、三批 40 个项目村扶贫部门计划投入 6 000 万元,已落实资金 3 249.61 万元,累计完成投资 2 816.35 万元,落实资金占计划投入资金的 54.16%,累计完成投资占计划投入的 46.94%。从资金完成投资占计划投入比例看,按期完成项目村及面上灾后恢复重建任务仍旧非常艰巨。(2)项目质量有待进一步提高。部分县(区)对贫困村灾后重建项目监管力度不够,监管不到位,重建的道路、水利等基础设施没能达到国家规定的技术标准,虽然这种情况不具有普遍性,但需要扶贫部门提高警惕,切实加强对项目实施的监管。

---

① 资料来源于四川省扶贫办外资项目管理中心。

我省贫困村一般的处在自然环境恶劣、地质结构复杂的山区,对各项设施抗灾等级要求高。如何利用有限的资源,提高工程质量,增强公共服务设施的使用年限,是摆在扶贫部门和贫困村群众面前的一大挑战。(3)管理制度有待进一步完善。有些贫困村重建项目规划、实施、验收等环节,群众缺乏有效参与,项目预算、实施方案、工程进度等内容缺少公示,公共服务设施没有制定切实可行的后续维护管理办法,产业发展缺少组织保障等。完善的制度建设是提高项目实施成功率,增强群众的自我管理、自我组织、自我发展的重要途径,是改善村内民主管理氛围,提升村两委影响力的主要依托,是推动贫困村可持续发展的重要基础,需要扶贫部门给予一定的重视。

资料来源:四川省扶贫办外资项目管理中心。

(二)解决问题

发现问题并找出问题产生的原因是解决问题的前提。当然,这并不意味着所有的问题都可以得到解决,在现实的情境中,经常会出现一些不可控的因素,制约和影响了项目的顺利推进。比如,持续的降雨会使小型基础设施项目难以开展,但总结这些不可抗拒的因素也是有价值的,它有利于管理层认识到项目迟缓的真实原因,进而认可一线工作者并调整项目进度。不过,如果问题是因为操作项目的人员缺乏积极性或是制度安排不合理而产生的,协调员就需要督促项目操作人员采取一定的手段和举措给予处理。针对第二类问题,协调员在发现问题后会对问题做梳理,筛选出哪些问题是因为县扶贫办所导致,而哪些问题又与乐施会项目官员的操作不当有关系。针对这些问题,又可以分成常规和特殊两类处理办法。常规办法是每个月省扶贫办和乐施会联合召开一次项目协调会,协调会上双方会分述合作项目推进存在的问题。为了使问题的解决更有针对性和有效性,项目协调员会将问题具体到每个细节,以便合作双方管理层认识到症结点并商讨出切实的解决途径。专栏5-6是某次会议项目协调员根据收集到的信息总结的一个项目点项目推进所面临的挑战。

专栏5-6 GS村项目推进所面临的挑战

GS村属山区村,乐施会援助的第一期项目为新建2.5公里村道。因GS村地理环境险恶,道路崎岖且陡峭,道路修建需要返清碎石和添加堡坎,项目实施难度大、工期长。截止到2010年5月,2.5公里道路工程基本实施完成。但据县办反映,因4月连续降雨,导致已修建路段出现大面积塌方,塌方路段的整治预计需投入10万元。事情发生后,县办与乐施会反映了这一情况,并协商将剩余资金用于塌方路段整治和全部路段堡坎的加固。但乐施会认为,乐施会项目预算安排有3%的不可预见费,对这一问题只能使用不可预见费来解决。当前,双方对这一问题仍没有达成共识。

当然,如果所有的问题都在协调会上解决,必然会影响到解决问题的效率。在项目协调员看来,必须区分问题的类型,如果问题是因为信息流通不畅,合作双方管理项目人员的互动不充分所致,那么协调员就需充当信息传送的角色,协助双方合理解决问题。

县扶贫办和乐施会的项目干事之间经常会出现信息交流不畅的情况,进而影响到项目的顺利推进。在有些县扶贫办的人员看来,乐施会的援助资金是慈善资金,这使得他们易于产生强烈的感恩心理,并影响到合作伙伴向乐施会提出要求的主动性。比如,有些项目迟迟没有审批,可能是由于负责该项目点的乐施会项目人员工作量大,没有及时查阅和处理县扶贫办提交的项目建议书的缘故。而县扶贫办认为敦促乐施会尽快审批如同向慈善方索要资金,是对慈善方的一种不尊重。因此,对于县扶贫办而言,他们通常不会主动向乐施会反馈并要求乐施会解决问题。这种情况在双方合作的起初阶段很常见。众所周知,中国传统文化影响深远,如"涓滴之恩,当以涌泉相报"这一感恩文化一直延续至今并影响着当代人的观念和行为。从当前社会结构层面来看,中国多数民众的公民意识还没有形成,公民组织应该承担社会治理责任的理念还没有彻底进入人们的日常生活世界。换言之,一方面我们还具有极强的感恩心理,社会仍在大力倡导"投我以木瓜,报之以琼琚"的感恩理念;另一方面很多人又对公民社会和公民组织的使命缺乏足够的认识。在这种历史文化和现实社会结构双重影响下,作为受赠方的县扶贫办产生这种心理并在行为上表现出含蓄姿态也是可以理解的。但对承担项目协调的协调员来说,他应当认识到县扶贫办工作人员的这种矛盾心理,然后利用自己的有利身份于恰当的时候,发现县扶贫办可能会遭遇的难题并将这一难题向乐施会项目官员反馈。

传达合作双方各自想法,确保双方互动渠道的畅通,无疑是解决在项目实施中所遇问题的重要途径。但有的时候,简单的信息传达也显得乏力。针对某些特殊问题,需要协调员、乐施会、县扶贫办三方通过面对面互动给予处理。表5-1反映的是项目协调员和乐施会项目官员一起赴某村实地考察并现场解决相关问题的工作记录。

表 5-1　JG 县 PU 村访点记录

工作简述	6 月 30 日上午从 CD 出发,乘大巴抵达 JG 县。下午与县扶贫办就实地访点内容交换意见。7 月 1 日早晨 8 时 30 分从 JG 宾馆出发,中午 11 时抵村察看施工现场并与项目管理小组开展了意见交流,下午 5 时返回县城。
主要发现	乐施会援助该村项目工程为修建 7 公里社道,建设标准为路基宽 4 米、路面宽 3.5 米的泥碎石路。项目原计划以村民自建的方式开展,但因劳动力不足等因素限制,工程最终以外包的方式实施。 为加快重建项目进度,尽快解决村民行路难等问题,2010 年 2 月,在村两委的组织和引导下,规划修建的 7 公里社道已动工建设。针对未签订协议就先行启动的问题,乐施会在 4 月访点时曾建议县办和项目管理小组要严格按照乐施会内部管理办法和工期计划开展。对此,县办专门到村召开了有村两委和项目管理小组成员及村民代表参与的座谈会,会上重点强调乐施会项目管理制度,村项目管理小组职责、公示制度和项目后续管理等事项,要求村两委和项目监督小组严格按照制度设置的要求施工。但基于避让即将到来的雨季和农忙,依赖施工方的垫资,项目并未中止。 调研中发现,7 公里刚修路段各项标准基本符合建议书中技术标准要求,乐施会对工程实施状况比较认可。但在实地察看 2 月份修建路段时发现,由于各类交通工具碾压、雨水冲洗和后续维护不到位等原因,部分路段已出现坑洼和积水的现象。另外,通过访问项目管理小组成员了解到,各小组成员对项目实施情况缺乏了解,项目实施的各种信息资料缺乏有效记录。
建议和要求	尽快落实项目公示制度,在人员较集中的位置树立公示牌。公示内容包含工程预算明细、工程技术标准、项目管理小组成员及职责、群众意见反馈渠道等。 研究制定可行的工程后续管理办法,与施工方商讨确定部分问题路段整改方案,明确整改时间,落实相关责任。 村两委和县办项目负责人要加强与项目管理小组成员的联系沟通,适时召开小组座谈会,明确各方职责,完善各类信息资料的收集和整理,总结项目实施中存在的问题并及时研究解决方案,确保项目顺利开展和验收审计。
单位承诺	县办表示将加强对项目实施的监控与管理,适时召开项目管理小组成员座谈会,责令施工方尽快拿出整改方案,完善公示制度,切实保障项目顺利实施。
备注	乐施会项目人员建议县办要加强对项目的监管,及时处理工程实施中所发现的问题,乐施会将会对以上问题进行跟踪监督。

五、乡镇的监管

乡镇是国家的基层行政机关,是中国政治体系中的地方性行政组织,负有统揽辖区内各项社会事业的治理任务。项目村灾后重建是农村建设与发展的组成部分,按照这一逻辑,乡镇理应首先承担村建设的监督与管理责任。但事实上却并非如此。乡镇在项目村灾后恢复重建中的监管尺度和力度表现出明显的地域性特征,而域界是以区域经济发展实力以及由此所生产的县扶贫办与乡镇之间的关系所构建。通常,县扶贫办从上级获取资源总量和地方经济发展水平成反比关系,与自身综合实力成正比关系,而这三者之间又存在内在的连带关系。就一般情形而言,在经济发展水平越落后的地区,国家转移支付的资金及扶贫款项就越多,相应的,县(区)政府对扶贫工作就越重视,转而扶贫办的整体实力就越强;在经济发展水平越高的地区,因为扶贫办可操控资源不多,县(区)政府对扶贫工作的重视程度就不足,它们的实力也就会弱很多。县扶贫办的"资源实力"和"权力实力"对它们与乡镇之间的关系结构起着极为显著的形塑作用,而实现这一形塑作用的外在力量是政府自上而下的资源分配制度和绩效考核体系数字化及科层体系内的对上负责制等一系列的制度环境。回归到乡镇与项目村重建之间的关系层面,这种巧妙的关系结构会对乡镇参与项目村重建监管的尺度构成怎样的影响呢?概言之,如果项目村所在县的经济发展水平比较落后的话,那么项目村所在乡镇与县扶贫办之间的关系会"相对亲密一些"①,参与对村重建的指导和监督就多一些。相反,如果项目村所在县的经济发展水平相对较好的话,乡镇与县扶贫办之间的关系会略显疏离,其可能仅止步于对村灾后重建进度的关注。当然,不能简单地认为乡镇参与监管的"有为"就一定有利于项目村的恢复重建或者乡镇参与监管的"无为"就不利于项目村的恢复重建。在某些情况下,乡镇的"过度干预"可能还会产生负面影响,因为这会给县扶贫办的"角色"转让留下空间。乐施会组织培训和直接沟通的对象是县扶贫办,如果县扶贫办将职责向乡镇转移,就会延长信息传递渠道,继而加大信息失真或遗失的风险。显然,这对有一整套项目管理制度的乐施会来说是极为不利的。在此,我们不再深入描述和分析乡镇涉及项目村灾后重建的行为模式,但可以明确指出的是,相对于其他监管主体,乡镇一级所发挥的作用相对要小一些。不过,我们也并不能排除存在某些特例。

---

① 乡镇与县扶贫办之间的关系不是形塑它们各自行为的表面动力,其内在动力是:县扶贫办有多少可支配资源以及在资源分配时是否具有话语权。

第三节 项目验收和后期维护

一、项目评估

评估指的是衡量项目产出或项目影响[①]。评估的主体类型不是恒定的,不同的评估方式其评估人员的结构不同。乐施会援助项目的评估主体是由项目村农民和相关的技术人员所构成。乐施会在接到项目村所在县扶贫办递交的项目验收申请后,便会告之县扶贫办在开展评估时需要注意的事项和参与评估的人员。同时,乐施会会强调县扶贫办邀请村项目管理小组和农民代表一起参加评估,评估的程序和时间一般由县扶贫办根据实际情况来定。一般而言,技术人员负责检查项目质量是否符合设计标准,若在质量评估时出现不合格的地方,乐施会会与县扶贫办协调,根据具体情况要求县扶贫办和项目管理小组采取相应的补救措施。乐施会一直倡导采用参与式评估的方法来评价项目实施效果,在他们看来,扶持对象是否满意才是评估项目成功与否最为重要的指标。参与式监测评估的一个理论前提是承认不同社会地位、经济地位的主体对成功持有不同的标准,并认为同一项目对不同主体会产生不一致的影响。因此,在验收和评估项目的时候,乐施会一般会对不同类型的村民进行面对面的访谈,向他们了解对项目的满意度和意见,并最终将获取的信息反映在项目验收评估报告中,以说明项目实施的结果。

二、财务审计

项目结束后,乐施会对财务的监管主要包括保存项目财务资料、审计财务及余款收回。乐施会要求县扶贫办在项目结束后将原始票据(结算清单、明细单、小票等)、记账凭证、会计账簿、财务报表、项目活动变更批复、不可预见费使用批复,以及与项目支出直接相关的合同、协议、记录等财务资料妥善整理及装订和保存,并参照国家《会计档案管理规定》处置。乐施会或者乐施会聘请个人或相关机构对县扶贫办的项目财务进行独立检查或审计,确保项目财务的真实性、完整性、合法性、准确性、公允性以及表达与揭示的透明性。项目结束后,乐施会对项目结余款和项目资金采购的固定资产拥有所有权和处置权,并在项目结清时收回或妥善处置。同时,县扶贫办要求村项目工作组在项目结束后提供相应的财务报表和

[①] 世界银行:《农村贫困社区开发项目参与式手册》,2005年。

报告,也向村民公布该项目的总体财务运作情况,并接受村民的询问。通过这种财务管理方式,财务公开透明地展现在村民面前,增加了村民对乐施会及其参与式财务管理方法的认同。

三、公共工程的后期维护

尽管乐施会在项目规划阶段已经将后期维护问题提上了议程,并通过一系列的程序制定了维护的办法,但在项目完成并投入运行之后,乐施会会再次向农民解释维护的意义和价值,以强化他们的维护意识,明确项目的维护责任,规范维护秩序。这样做的宗旨是确保已建工程能够得到长期使用。乐施会之所以重复这一环节,除了按照项目开展的程序"例行公事"外,还希望通过多次的信息灌输,促使项目村农民认可持续维护公共工程的必要性和实现这一目标的路径,进而让这种路径被农民所内化。按照制度与制度性行为之间的一般逻辑,要实现制度性行为,一方面依赖制度的约束性,强制制度框架内的人服从制度安排,另一方面依赖行为主体将制度内化,通过意识自觉来实现个人的行为符合制度设置。在这种分析路径中,制度提供了从消极(制约)和积极(引导)两个方面指引着个体行为的动机。如果制度性行为的实现是依赖制度作为一种约束性规范的身份出现,那就意味着必须设计对个人行为进行监督的机制,这需要支付一定的成本。然而在大多数的农村,为了减少成本的支出,这种监督的职责最终又由村两委班子所担当。而村两委作为代理监管本村事务的组织,已肩负了很多常规性的事务,在缺少专事专员的情况下,他们通常会忽略对公共设施进行日常维护的监督,而是选择在公共设施出现较为严重的损毁并对群众的生活生产构成严重影响的情况下,才会行使他们的组织权力和监督权力,并按照"村规村约"的制度规定组织人员修补损毁设施。很显然,这种类似"运动式"的维护行动是不可能"延长"公共设施的使用寿命的。由此,在缺少硬性监督和外在激励的情况下,维护好公共设施的关键在于让受益对象有自觉意识。当然,正如前文所述,这种自觉不是单个人的自觉,而是集体的自觉,是有组织的自觉,这种行动的组织化不是依赖制度对人消极的制约,而是依赖制度对人积极的引导。由此,让村民认识到制度建构的合理性并内化制度规范是达到预期目标的有效路径。而实现这种路径的方法可以是使用参与式方法制定重建规划,通过村民自建的方式提升大家对项目的拥有感,继而增强集体目标的一致性,也可以是通过对已建构制度的不断讲解和诠释,让受益对象内化制度规则,最终使受益对象自觉去实践制度性行为。

结　　语

本研究对乐施会参与汶川地震灾区贫困村恢复重建过程进行了细致阐述。若将乐施会的做法当作 NGO 参与灾后重建的一个典型案例,从中则可以概括提炼出 NGO 参与灾后重建的一些特点、优势和面临的困难。尽管并非每个 NGO 均如此,但这些对于政府加强与 NGO 合作,提高公共治理水平仍具有重要意义。

一、NGO 参与灾后重建的基本特点

(一)注重项目前期评估

注重项目的前期准备工作,对项目必要性、可行性和预期效果进行较深入的论证。比如,乐施会在遴选项目村时,依托政府进行实地访点,组织竞争评选等活动,并依据特定评估体系,识别出受灾程度重、贫困程度深、群众发展意愿强烈、社区组织管理能力强的村作为项目村。在项目具体规划过程中,对拟定项目的技术可行性、资金可行性、市场可行性进行多种形式的论证。这种对项目前期评估的重视,首先体现了 NGO 对捐赠人负责任的态度,是 NGO 自身行动合法化和常规化的需要;其次体现了 NGO 与政府和社区合作的方式方法,是 NGO 与政府和社区关系明确化和制度化的需要。充分的准备,对项目需求和项目可行性进行科学分析,既有利于提高资金使用效率,使有限资源投放在更加需要的地方,也有利于双方达成共识,动员地方资源,整合各类行动。

(二)采用参与式方法

依赖社区群众掌握的乡土知识,通过利益相关主体对项目过程的有效参与,可以有效提高项目设计和执行过程的科学性、合理性以及群众对项目的满意度。NGO 普遍注重利益相关主体在项目开展各个阶段的有效参与,尤其是关注弱势群体的参与,其原因在于 NGO 通常以改善弱势群体的生存状况为宗旨,倾向保护弱势群体的利益。另外,弱势群体参与的过程,也是提高其参与意识、民主意识,以及其监督、管理项目能力的有

效途径,而这些效应都是 NGO 所大力追求的。

(三)规范项目操作流程

注重项目规划的可操作性、延续性和权威性,强调以双方批准的法律文件为依据和指南合作推进项目,是乐施会开展重建项目的一大特点。乐施会支持的项目中,项目申请机构必须按照指定的建议书编制格式撰写相关内容,对项目背景、项目实施缘起、项目规划过程、项目预期效益及项目预算等都力求给出明确的陈述。针对灾后重建项目,乐施会还专门制定了项目管理办法。项目确定后,双方签订正式的项目协议以明确各自的权利和义务。关于项目内容的变更和财务预算调整,合作对象需以书面形式予以说明,并经过乐施会审批。

(四)关注项目附加值

注重提高社区群众管理和执行项目的能力,增强社区自我组织与发展的能力,提升女性地位,培养社区合作能力等,都在乐施会灾后重建项目中得到体现。例如,在项目规划过程中,乐施会重点关注女性的意见,以提高妇女在社区公共事务中的参与度,促进妇女社会地位的提高。项目启动前,乐施会对社区内项目管理成员进行了系统培训,一方面希望借以保证项目顺利开展,另一方面也希望由此提升受训对象采用参与式方法管理项目的能力,提升社会组织协调合作的能力。在实施小型基础设施建设项目时,乐施会更倾向于支持采取包工不包料或村民自建的形式,希望通过项目实施过程锻炼和提高村民参与管理项目的能力。

(五)重视社会监督

接受社会监督是 NGO 赢得社会公信力的基本途径,是 NGO 推进第三部门发展的重要保障。与政府不同的是,NGO 的资源主要依赖于捐赠人的意愿。换言之,捐赠人掌握着资源流向的主动权,NGO 只能通过不断向社会展示自己的行动价值以得到捐赠人的认可,以争取越来越多的捐赠。正因为如此,组织内部的民主机制和完善的监督机制是 NGO 结构设计的必然要求。例如,乐施会在推进灾后重建项目时,要求项目实施内容、财务收支情况在社区内进行有效公示,组织第三方对项目进行复核,实施严格的痕迹管理和财务审计制度,定期通过网络公布资金使用情况等都是其注重社会监督的重要体现。

(六)促进重建目标与机构目标相结合

NGO 是一个多元化的世界,每个 NGO 均有自身的追求和愿景,并将其追求和愿景体现于日常行动实践中。汶川地震灾后重建领域也不例外。NGO不可能像政府那样面面俱到,但在自己的目标领域里开展工作却具有专业性和深入性等特长。将重建目标和机构目标相结合既是差异化追求和发展的自然结果,也有助于发挥自身特色和优势,提高项目质量和水平。例如,乐施会的宗旨和目标是"助人自助,对抗贫穷",因而在参与灾后重建中注重与扶贫、开发相结合,重点瞄准脆弱人口的恢复与发展。北京地球村环境教育中心以保护环境、推进可持续发展为愿景,在灾后恢复重建中就眷注于生态重建和绿色重建。

二、NGO参与灾后重建的优势与意义

(一)富有专业精神和实践经验

就总体而言,NGO是为了解决广泛社会问题和促进更全面发展而产生和发展的。就个体而言,各个具体NGO均锚定特定"问题",明确阐述自己的宗旨和目标,重点从事某一领域或方面的工作,并根据自身目标设定标准以吸纳组织成员,规划组织发展,形成在特定领域或方面的工作优势。一些NGO还拥有自己的专家队伍和咨询团队。这使得NGO在灾后重建过程中能够选择相应目标领域发挥其专业优势,为重建工作提供具有独特价值的专业服务。NGO在长期项目实践中也锻炼培养了具有丰富工作经验的员工队伍,形成了针对特定"问题"的稳定、成熟的工作机制和方法。比如,乐施会之所以能够有条不紊地大规模参与到灾区贫困村恢复重建工作之中,一个重要原因就在于其拥有丰富的社区发展经验,能够秉持其一贯的工作方法和理念,以清晰、规范的工作流程执行系列重建项目,取得良好效果。

(二)有助于满足多元需求

无论在灾后紧急救援还是在恢复重建时期,在中国境内开展活动的NGO大多将自己定位于对政府工作的补充与配合。政府的工作是宏观性、整体性的,NGO的工作则凸显细致性和多元化。除与政府共同展开重点、大规模活动外,在政府无暇和难以顾及的区域,NGO积极发挥拾遗补缺、扫除盲点的作用。组织的多样性使得不同NGO能够关注到不同区域、不同人群,特别是照顾到弱势人口的需要,提供多维服务和救助。NGO的这一优势在重建过程中具体体现在两方面:一是重建项目覆盖的领域,如心理援助、生态保护、民族文化恢复等。这些针对特殊区域和人群、较为微观的领域成为NGO参与重建的一大重点;二是从重建规划到

项目实施，NGO始终将弱势群体的需求摆在优先位置，融入社会性别等非主流视角。例如，乐施会坚持运用参与式方法实施项目，要求项目管理成员有一定比例的女性，强调项目规划需要关注女性看法等。NGO致力于满足多元化需求的特点使得灾后重建过程更加有助于实现公平正义和和谐发展，体现出鲜明的人文关怀。

（三）机动灵活并善于创新

作为公民社会的担当者，NGO自身管理和运行注重发掘基层员工的主体性，注重有机化、扁平化组织模式和管理方式，这就使得NGO具有机动灵活、富有创新性、能够因地制宜地开展项目等优势。总体而言，NGO具有组织等级之间差异性不强，上下级与同级之间频繁交流且可不考虑层级间关系等特征。例如，乐施会在管理和推进具体项目时，上级管理部门给予每个员工一定自主创新的空间，员工通常能依据实际设计项目实施流程。这种富于弹性而有活力的单元和团队，能够穿透工作界限、管理结构等方面的刚性，对于处理流动的、具体的、个性化的复杂问题具有明显优势[①]。灾后重建是针对突发破坏性灾难的一种恢复工作，对救援机构的灵活应对能力和创新能力有较高要求，在灾害破坏严重、灾区自然条件复杂恶劣、地域独特性强时尤其如此。在这种情况下，NGO的参与能够发挥其小而灵活的优势，动态调整具体工作，克服灾区建设中各种快速变化导致的困难，化解各种冲突矛盾，改善整体恢复重建效果。

（四）有利于推进能力建设

汶川地震紧急救援和灾后恢复重建过程中，以NGO为代表的民间力量的广泛参与集中展现了公民社会发展的成果。人们意识到，灾害救助除了依靠政府外，还能够并且需要动员公民社会所蕴藏的巨大潜力。NGO参与灾后重建，首先，因其重视推进社区民众的参与而将恢复重建项目塑造成一个发展平台和场域，促进了项目区的能力发展；其次，因其弥补了政府的局限性而彰显了公民社会的价值，促进了公民意识的觉醒和公民责任感的形成，为善治创造了条件。例如，在乐施会的贫困村恢复重建项目中，参与式方法培养了贫困村农民的主人翁意识，使广大农户更深切地认识到重建家园不能只是等、靠、要，而是要"自己的事情自己干"，

---

① 郭巍青：《NGO的三重功能——以地震救援经验为基础的分析》，载《时事观察》，2008年，第7期。

要"在干中学习和提高",充分表达自身利益诉求,行使公民权利,形成公民互助合作观念和能力,使得灾后重建成为政府、NGO 和社区群众共同推进的事业。

三、NGO 参与灾后重建面临的困难

各种 NGO 参与灾后重建面临的困难多种多样,有共同的困难,也有具体情境中的困难。一方面,中国政府缺乏向社会购买服务的传统和有效制度安排,普通民众的公民意识尚不成熟,全社会对 NGO 的信任和支持明显不足;另一方面,NGO 发展还处在初级阶段,其健全治理机制尚待建立完善,公信力有限,政府和普通民众对 NGO 的信任尚待不断建构和提升。这些原因使得 NGO 参与灾后重建的深度、广度和资源筹集渠道等均受到限制。在 NGO 与政府合作开展灾后重建项目时,不同部门、不同组织之间的协调配合仍时有扞格不入之处,政府的多层化运转机制与 NGO 对时效性、灵活性、针对性的追求仍时有相互冲撞之点。

首先,政府和 NGO 内部结构和运转模式的差异使得双方的时间投入存在很大差别。NGO 的扁平化组织模式以及相对自由的运转机制赋予每个项目官员一定处置权力,他们可以相对独立地处理项目执行过程中的颇多事项,并为有效提高项目执行效率创造了空间。NGO 对项目过程和社区参与的关注,使得其能够担负较高人力成本,每个项目官员管理的项目数量相对较少,管理工作的细致度和深入度相对较高,因而项目官员有充沛的精力对项目进行精密监管。然而,政府垂直化组织模式以及需要面对辖区内全部社区和民众提供公共服务的责任使得政府不可能像 NGO 那样在个别村和项目上消耗特别多的时间和精力。基层政府具体负责项目的管理人员本来就不多,且他们还因为政府部门的决策权高度集中于组织上层而很少具有便于行事的空间或动力。这样,政府基层工作人员与 NGO 项目官员在合作项目中所能够投入的时间数量就存在明显差异。在项目执行过程中,NGO 总是希望政府给予更多的配合,在合作项目上投入更多时间和精力,而政府机构具体负责项目管理的工作人员则需要将时间分配到更大范围的工作中去,因而难以完全根据对方要求行动,这样双方便很容易产生误会和冲突。

其次,政府与 NGO 文牍化技术的不同也对双方无缝合作形成不小的障碍。例如,在乐施会支持的贫困村灾后恢复重建项目中,乐施会要求按本机构的表格和技术规范编制项目建议书。但是,政府工作人员常常

形成了自己的工作套路,不熟悉且不愿意接纳乐施会的编制规范,项目建议书编制的单次合格率一直处于较低水平,从而大大延缓了项目审批进度。又如,出于对项目进行有效监管的需要,乐施会要求合作伙伴在项目实施到一定阶段时提交信息颇为详细的项目进度和财务报告,政府工作人员同样因为对报告撰写内容、格式等缺少了解和认同,特别是对项目实施过程的痕迹管理不够了解而常常很难及时提交相应文本,因而影响到项目的顺利推进。

再次,政府和NGO在推进灾后重建工作时存在诉求点上的差异。汶川地震发生以后,政府把尽快恢复灾区群众生活生产秩序摆在优先位置,要求在保证灾后重建工程质量的基础上,高度重视恢复重建项目进度,把时效性摆在特别重要的位置,摆在政治的高度。一些NGO则优先关注项目实施所起到的附加效应。比如,乐施会倾向于支持贫困村采取村民自建形式开展小型基础设施项目,以提高群众执行、管理项目能力。发动组织群众必然是一个相对缓慢的过程,加之因集中重建和外出务工等因素影响,贫困村存在劳动力不足等困难,自建所需时间必然显著多于将工程外包给专业施工企业。这样,双方便不时因这种诉求点的不同而产生分歧。

四、未来展望

汶川地震已经成为历史,灾后恢复重建也已基本结束。这一历程见证了中国文化和社会的独特性,也为认识和思考NGO在中国的发展提供了广阔的空间。总结与反思NGO参与汶川地震灾后恢复重建的具体过程,不但有助于推进中国灾害管理机制的创新和完善,而且有助于政府和NGO协调好相互关系,共同推进善治进程与和谐社会的建设。

中国是一个具有深厚的权威主义传统的国家,1949年以后现代国家的大力建构更将权威主义建立在一整套法律和政策性制度安排的坚实基础之上,国家深入到社会生活的每一个角落,NGO根本就没有存在的土壤和发挥作用的场所。改革开放以后,国家逐步从经济社会生活领域退出,市场机制逐渐成形,国家不愿管或管不了、管不好的领域浮现出来,NGO也应运而生。汶川地震将NGO和志愿精神的价值集中呈现到了历史的前台。首先,抗震救灾中志愿精神和志愿人员遍布整个灾区,彰显了互助友爱和"一方有难、八方支援"、"以天下为己任"的传统观念,也启发了人们对公民责任的思考。"公民是权力主体,也是义务主体,公民在经济、政治、文化、社会发展中是重要的责任主体。"①地震以后,越来越多的人认识到,治理社会不再仅仅是政府的职责,个人、企业、公民组织的参与行动也是解决社会问题,推动社会良性运行的重要力量。其次,各种NGO参与汶川地震紧急救援和灾后重建的历史同时也是NGO在实践中快速成长和发展壮大的历史。汶川地震以前,NGO在中国大地上还属于一个较小圈子中的概念,地震发生以后,海外NGO、国内官办NGO、各种草根NGO快速汇集到灾区参与救援,其数量之多、涉及活动之广泛历史空前。NGO作为灾害应对的重要力量得到了全社会较广泛的认可,NGO也由此进入到更多人的视野,并在各种救援和恢复重建活动中锻炼了队伍,为进一步发展创造了条件。再次,面对巨大灾难,作为一支重要救援与重建主体,NGO在动员社会资源、提供灾区救援物资、搭建灾区需求信息网络平台、参与生态恢复、文化保护、心理重建等各个领域都作出了突出贡献,与政府宏观层面大手笔恢复重建活动相补充,起到相得益彰的作用。NGO的有效、有序参与给政府留下深刻的印象,也对政府深化对NGO价值的认识并积极与NGO合作、创造NGO发展的政策环境起到重要推进作用。

中国是一个自然灾难发生频率较高的国家,特别是最近几年来,地震、旱灾、洪涝、雨雪冰冻、泥石流等灾害不断发生,成为农村居民致贫返贫的重要因素,成为扶贫开发、经济社会发展和全面建设小康社会的巨大挑战。如果说NGO参与汶川地震灾后救援与重建的过程也是NGO进一步加快发展的过程,是NGO与政府关系调适创新的过程,那么在以后的灾害应对行动中必将看到更多的NGO,看到NGO与政府之间更加成熟的合作伙伴关系。

公民社会的发育包含两个层面的内容。第一个层面以公民权利和责任为焦点,关注明确界定公民、NGO和政府的权利范围,限制政府对公共领域和私人领域的过度干涉。第二个层面以善治为目标,关注通过NGO和公民社会提供公共服务,弥补政府的不足,形成公共治理大格局,促进社会更加稳健全面发展。在中国,政府和NGO之间缺乏牢固的信任关系,NGO因社会基础、治理机制、自律能力和公信力等方面仍存在的不足而难以得到政府的高度信任,政府因秉承有权威主义文化传统和自上而

---

① 郭虹:《地震灾难中彰显出的公民意识》,四川"5·12"民间救助服务中心网站。

下运转机制而难以得到NGO和公民社会的高度信任。一般而言,政府对致力于保护和扩展公民权利的活动和相应NGO的信任度相对较低,对致力于拾遗补缺并完善政府服务的活动和相应NGO的信任度相对较高。由于这两个层面的活动并非界限清晰,且有些NGO在不同活动之间辗转不定,这就使得政府对待NGO的政策常常模糊不清,与NGO之间的关系摇摆不定[1]。在这个意义上,中国政府和NGO之间形成稳定的合作关系还有很长一段路要走,中国境内各种NGO的发展还面临着不确定性。在这个过程中,政府和NGO的相互理解至为重要,政府需要从改善公共治理和建设和谐社会的角度不断为NGO的发展创造条件,NGO需要以实际行动向政府和全社会表明自身健全的治理机制、公开透明的运作过程以及为社会利益服务的基本宗旨,双方都需要足够的耐心,需要树立从我做起的态度。

---

[1] 萧延中等:《多难兴邦——汶川地震见证中国公民社会的成长》,北京大学出版社,2009年,第239页。

附录:《乐施会项目建议书》实例[①]

2009年12月版

乐施会中国部项目概述和评审

项目编号:XXXXXXXXXXXXXXXXXXXXXXXXX

第一部分:基本信息

项目信息					
项目名称	英文	Rehabilitation Project of 5·12 Earthquake in YJB Village, XKY Township, LY County, SX Province			
	中文	SX省LY县XKY镇YJB村5·12地震灾后重建项目			
项目地点	国家	中国			
	省/自治区/直辖市	SX省			
	地级市/县或县级市	HZ市LY县			
	镇/乡	XKY镇			
	行政村/自然村	YJB村			
项目期间	开始时间(年/月)	2010年5月	完成时间(年/月)	2011年4月	
项目提议人	机构名称	(英文)	Poverty Alleviation Office on LY County of SX Province		
		(中文)	SX省LY县扶贫开发办公室		
	机构负责人	GCQ			
	项目负责人	TLQ			
	地址	SX省LY县JL宾馆			
	邮编				
	电话		传真		
	电邮		网址		

[①] 建议书中相关机构和个人名称均改为化名。

续表

项目概述
项目通过灾后恢复重建项目实施新修村组道路 0.5km,引水工程 2 处,解决 67 户 202 人饮水难的问题,发展增收产业:养猪、魔芋和发展互助基金协会等四个项目。通过改善村内基础设施和增强农户发展种、养殖产业来增加农民收入;以成立发展产业基金来带动村民发展产业良性循环,使村民的生产、生活条件得到提高和村民的经济收入得到提高。 　　项目申请预算为人民币 1 017 630 元。 　　Through roads reconstruction of 0.5km and 2 water pipes building which is relieving the drinking problem for 67 households, these post-disaster rehabilitation programmes can help develop income generation activities, including pig rearing, taros and community development fund. Income for the farmers can be increased by improving the village basic facilities, enhancing farmers' organizing skills and encouraging rearing business. Setting up of the community development fund can also help raising the productivity and living standard of the community members. 　　The total budget for the programme is RMB 1 017 630.

项目信息							
总策略目标			（主要分类,总和＝100%）				%
	A	可持续生活的权利					90
	B	获得基本社会服务的权利					
	C	保障生命安全的权利					
	D	意见受到重视的权利					10
	E	性别平等及文化多样性的权利					
	F	负责任的世界公民					
主题领域六年策略目标	SP 32	100 %		%	%	%	%
技术领域			（主要分类,总和＝100%）				%
	A	T1	天然资源管理及农村发展				90
		T2	城市发展				
		T3	企业发展及小额财务				
	B	T4	基本医疗卫生				
		T5	基础教育				
		T6	艾滋病				

续表

				(数目)	
技术领域	C	T7	紧急救援		
		T8	减灾防灾		
	D	T9	参与管治	10	
		T10	发展民间组织		
	E	T11	性别平等主流化		
		T12	性别平等及权利		
	F	T13	发展教育		

		（数目）	
		直接	间接（如适用）
社群领域	总人数（包括男性、妇女及儿童）：	870	
	妇女		
	儿童		
	户数	210	
	村/社区	1个行政村/4个自然村	
	机构/组织（其中包括妇女组织的数目）	6个村民小组/1个村委会	
	目标社群类别（例如少数民族、工人、农民、残疾人士等）	农民	
	备注		

	方法	资金投入（主要分类，总和＝100%）	
		直接 %	间接 %
手法及资金投入层面	AP1 社区发展	90	不适用
	AP2 能力建设	10	（广义/策略性）
	AP3 建立关系网络/伙伴关系	（项目为本）	
	AP4 调查研究		
	AP5 政策倡议		
	AP6 公众教育		
	AP7 灾害响应及管理		

续表

备注				
财务信息				
项目总资金	(货币/金额)		1 203 267	
申请奖金	(跨年项目须按年度列出项目资金)		1 017 630	
推荐金额			1 017 630	
资金来源(加"√")	中国发展基金	教育基金	公众筹募	一般基金
	其他(须注明)	备注	5·12灾后重建基金√	
	中国	BJ	GY	紧急救援
		KM	LZ √	研究	传播
批准备忘	编号	AM	日期(年/月/日)	

第二部分:项目资料
提出项目的理由和背景

一、村情概况:XKY镇YJB村地处LY县城东南40公里处,辖6个村民小组,210户870人,总劳动力581人占总人口的67%;全村耕地面积702亩,人均0.81亩,基本农田530亩,人均0.61亩。2009年人均纯收入2 045元。有村完小1所和3家矿产开发私营企业及地下一定储存的铁矿石资源。由于受地理条件与自然环境的限制,全村旱涝保收农田面积小,耕地质量差,农业生产基础很薄弱,村内交通、通讯、饮水、供电等各种设施落后,群众生活水平较低,农民收入低,增收致富门路单一。

二、贫困现状:全村有贫困户180户766人,分别占全村总户数、总人口的86%、88%。全村有10.5公里村组道路需要新修拓宽改造,涉及6个村民小组;有3处人饮工程需要新修改造,涉及两个村民小组71户302人;有6个村民小组210户870人就医不便,需新修村卫生室3间100平方米,贫困户收入低,村容村貌陈旧,思想观念落后,是省市县确定的扶贫开发重点村。

2008年的"5·12汶川地震"后致使该村的村民住房及基础设施受到严重影响,多条通组路受到损坏,有安全之虞,因此使YJB村的村民出行、生产和人居环境更加恶劣。

附录：《乐施会项目建议书》实例

为了尽快把因震灾损毁的基础设施和村容村貌重建好，恢复和进一步提高受灾农户生产、生活条件，LY 县扶贫办按照省、市对重点贫困村灾后重建要求，在深入调查和广泛征求村民意见的基础上，结合村情实际，先行在 2009 年 6 月在社区展开村组和村民会议，制定《YJB 试点贫困村灾后重建项目规划》，报送市、省扶贫办，作为乐施会支持"开展汶川地震灾区贫困村恢复重建项目"中 LY 县的四个项目村之一。

该村属于国定贫困村，我们按照地震受损大、灾情严重、群众有发展的积极性、镇村班子团结务实的原则，确定项目实施村。2009 年 12 月 9 日－10 日，LY 县扶贫办副主任 DWH、干部 KL 和 XKY 镇党委书记 YLH、副镇长 LFC 和乐施会兰州办农村发展与灾害管理项目人员 GHL、GJ 等人，在 YJB 村六个村民小组 HJW、LSP 门前和 ZJS 进行个别农户入户访谈、小组访谈、实地勘查和村两委座谈等方式，对规划中的项目活动进行再咨询农户意见、确认需求和优先级，最后确定在双方合作的 100 万资金中，主要的项目活动包括：新（维）修 1 条村组道路——YJB 至 ZJS 0.5 公里的水泥硬化主户路；饮水工程——YJB 村 ZJS 组、BJH 组 46 户，村级小学及村委会，共计 202 人 1 村 2 组的用水规划，彻底解决饮水困难；增收项目——发展养猪 81 户 315 头、种植魔芋 175 户 146 100 斤；成立产业基金入股分红协会，以便促进当地百姓增收项目的再持续发展。

本项目期望不只是协助 YJB 村民恢复因"5·12"地震而毁损的基础设施造成的行路难和安全隐患，更进一步希望因项目的执行，和全村村民一起发展生产，提高经济收入，并且改善村容村貌，美化净化人居环境，以造就一个新农村的示范村庄。

项目目标

1. 长期目标

通过实施 LY 县 XKY 镇 YJB 村灾后重建项目——重建和新建多条主户路，解决当地 1 村两组的饮用水难问题，以解决因"5·12"地震受损的道路所造成的行路、饮水难的问题；通过种植养殖支持、建立社区发展互助基金、提供能力建设等活动，以提高村民经济收入和推动产业发展；通过妇女健康教育知识培训和传递，提高妇女能力并发掘妇女骨干，推动妇女参与小区公共事务；通过种植养殖支持和实用技术培训等能力建设活动，以发展村民生产条件及提高村民经济收入；以村组自主项目实施和监督小组，负责项目活动的执行和监督，增强和提升社区自我组织和民主管理的意识和能力;透过一系列的项目活动的实施,期望 YJB 村能恢复灾前的生产和生活水平,并能进一步发展。

2. 具体目标

(1) 新修村组道路 1 条:YJB 村——ZJS 组,以解决因"5·12"地震受损的道路所造成的行路难的问题。

(2) 人饮工程 2 处:解决 ZJS 和 BJH 组村民饮水困难问题。

(3) 通过支持发展养猪 81 户 315 头、种植魔芋 175 户 75 000 斤,能发展村民生产条件及提高村民经济收入。

(4) 通过提供资金和鼓励村民入股集资,建立"社区发展互助基金",以小额贷款的运作方式,由社区自己管理,以作为农户生产成本和支持扩大产业规模之用。

(5) 通过对县、乡(镇)和村级健康教育辅导员培训和村级健康教育知识传递的两级培训,发掘社区妇女骨干,提高社区妇女能力,推动妇女参与社区公共事务。

(6) 在 LY 县扶贫办与乐施会合作的四个项目村之间经由村实施小组和乡镇领导小组的相互学习和交流,使项目效果具有相互借鉴和倡导意义。

3. 衡量指标/项目产出/具体活动

具体目标	衡量指标	检验方法	假设
目标1:重建、维修和新修多条村组道路,以解决村民行路难的问题。	1. 招投标程序依法规执行。 2. 施工规格符合设计规划图纸。 3. 施工质量经县相关部门及技术监理单位共同验收合格。 4. 修建过程中没有发生任何安全问题。 5. 受益村民满意度达到90%。	1. 招投标公告、标书等文件。 2. 设计和施工图纸。 3. 实施过程中会议讨论投工投劳和资金使用记录报告。 4. 监理和验收单位报告。 5. 村民访谈记录。 6. 项目终期评估报告。	1. 乐施会资金到位,村民投工投劳和集资到位。 2. 村民自治法规不变。 3. 村庄不迁移。

续表

具体目标	衡量指标	检验方法	假设
产出1：新修YJB村至ZJS组沙石硬化道路。	1. 新修YJB村——ZJS组沙石硬化道路0.5公里。 2. 直接受益农户达634户1 264人。 3. 施工规格为C30混凝土路面18厘米厚、3.5米宽、500米长，混凝土管涵6米长、直径0.6米3处，毛石边沟、路缘石218米3处。 4. 施工质量经县相关部门及技术监理单位共同验收合格。 5. 修建过程中没有发生任何安全问题。	1. 设计和施工图纸。 2. 公开招标记录。 3. 实施过程中投工投劳和资金使用记录报告。 4. 现场验收照片、验收报告。 5. 项目终期评估报告。	1. 乐施会资金到位，村民投工投劳和集资到位。 2. 村民自治法规不变。 3. 村庄不迁移。
活动1：YJB村至ZJS组沙石硬化道路0.5公里。	*直接受益634户,1 264人。 *乐施会投入资金200 000.00元，群众自筹资金66 968.99元。	1. 各村民小组召集的会议记录、公示记录。 2. 农户投工投劳、资金、实物使用记录。 3. 县、镇项目领导小组和村项目实施小组、监督小组共同验收报告和照片。 4. 农户访谈记录。 5. 项目终期评估报告。	

续表

具体目标	衡量指标	检验方法	假设
目标2:修饮水工程2处。	1. 招投标程序依法规执行。 2. 施工规格符合设计规划图纸。 3. 施工质量经县相关部门及技术监理单位共同验收合格。 4. 修建过程中没有发生任何安全问题。 5. 受益村民满意度达到90%。	1. 各村民小组召集的会议记录、公示记录。 2. 农户投工投劳、资金、实物使用记录。 3. 县、镇项目领导小组和村项目实施小组、监督小组共同验收报告和照片。 4. 农户访谈记录。 5. 项目终期评估报告。	
产出1:新修饮水工程1村2组。	1. 水质安全可饮用。 2. 该供水项目分2片,ZJS和BJH。 3. 直接受益46户,202人。 4. 施工规格为:水源3处、DN40引水管100米、滤水池2座、蓄水池4座、DN50引水管2 180米、DN32引水管1 560米、DN40供水管820米、DN25引水管580米、DN20供水管3 380米、给水点48个。 5. 施工质量经县相关部门及技术监理单位共同验收合格。 6. 修建过程中没有发生任何安全问题。	1. 有关部门就水源的水质安全的测验报告。 2. 修建改善过程没有发生任何安全问题。 3. 各村民小组召集会议记录、公示记录。 4. 农户投工投劳、资金、实物使用记录。 5. 县、镇项目领导小组和村项目实施小组、监督小组共同验收报告和照片。 6. 农户访谈记录。 7. 项目终期评估报告。	1. 乐施会资金到位,村民投工投劳和集资到位。 2. 村民自治法规不变。 3. 村庄不迁移。
活动①:供水项目分2片:ZJS和BJH。	* 直接受益46户,202人。 * 乐施会投入资金200 000.00元,群众自筹资金17 971.63元。		

续表

具体目标	衡量指标	检验方法	假设
目标3：通过支持发展扶持养殖户至少175户（扣除五保户3户），扶持发展养猪81户315头，种植魔芋75 000斤，建立20万元的产业发展基金并提供管理小组基金管理培训、实用技术培训和合作社培训等能力建设活动，以发展村民生产条件及提高村民经济收入。	1. 全村6个村民小组除了五保户1户、富裕户8户、特困户18户和3户不参与种植养殖以外的所有农户175户，全部都得到项目的种植养殖支持；这些个别农户因家庭没有劳动力或者是智力不健全而不参与。富裕户不参加。 2. 县镇村项目领导和实施小组在养猪和魔芋刚发放、种养殖（植）中期和项目即将结束前各对种植养殖户进行随机抽查共3次。 3. 种植养殖户参加培训的出席率达到95%以上，对培训内容的理解和掌握达到80%以上，通过培训，80%的农户掌握了产业技术，提高了产量和增加了收入。 4. 养猪315头，种植魔芋75 000斤，到项目结束时存活率分别达到80%和95%以上。 5. 至项目结束时养殖户家庭收入增加1 847元以上。 6. 种植魔芋农户到明年以后每户逐年收入增加5 700元以上。 7. 举办各一期合作社与基金管理培训。	1. 县镇村项目实施小组随机抽查报告3份。 2. 培训出席登记表、照片和报告。 3. 养殖、种植户访谈记录。 4. 项目终期评估报告。 5. 花名册。	1. 乐施会资金到位。 2. 没有发生大规模的疫病及重大天然灾害。 3. 村民自治法规不变。 4. 中国经济持续增长。 5. 村庄不迁移。

续表

具体目标	衡量指标	检验方法	假设
产出1：全村发展养猪户至少81户。	1. 全村6个村民小组除了五保户和特困户，以及没有意愿养猪的农户，全部都得支持。 2. 养殖户家庭已备有基本设备和劳动力。 3. 县镇村项目领导和实施小组在产业项目发放、中期和项目即将结束前各对发展户进行随机抽查共3次。 4. 养殖户参加培训的出席率达到95%以上，对培训内容的理解和掌握达到80%以上。 5. 养猪315头，到项目结束时存活率达到95%以上。 6. 至项目结束时养殖户家庭收入增加1 847元以上。		
活动①：养猪315头。	*直接受益81户，283人。 *乐施会投入资金100 800元，群众自筹资金25 200元。		
产出2：全村扶持175户种植优质魔芋75 000斤。（扣除五保户1户和18户特困户，富裕户8户，以及8户不参与产业项目外，其余175户都发展魔芋种植业。）	1. 县办统一采用集中询价购买，村项目实施小组成员参与。 2. 每户430斤魔芋种子发放到位。 3. 县镇村项目领导和实施小组在种子刚发放、种植中期和项目即将结束前对种植户进行随机抽查共3次。 4. 种植户参加培训的出席率达到95%以上，对培训内容的理解和掌握达到80%以上。 5. 到项目结束时魔芋存活率达到95%以上。 6. 至项目结束时种植魔芋户家庭收入增加5 700元以上。（规划项目时从村民处了解到魔芋的产量一般是投入量的5～10倍，这里采用最低的产量估计。）	1. 县镇村项目实施小组随机抽查报告3份。 2. 培训出席登记表、照片和报告。 3. 种植户访谈记录。 4. 项目终期评估报告。 5. 至少三家询价记录。	1. 乐施会资金到位。 2. 没有发生大规模的核桃树疫病及重大天然灾害。 3. 村民自治法规不变。 4. 村庄不迁移。

附录：《乐施会项目建议书》实例

续表

具体目标	衡量指标	检验方法	假设
活动①：全村6个村民小组进行摸底调查，175户种植魔芋75 000斤，并予公示。 活动②：由县办初步询价统一购买魔芋。一斤3.8元的魔芋种子中3.04元为扶持方支持，其余0.76元为群众自筹。	* 直接受益175户，612人。 * 乐施会投入资金228 000元，群众自筹资金57 000元。		
产出3：成立互助资金协会，乐施会支持原始本金180 000元，并鼓励至少20%农户每户入股500元，以此调动农户发展产业的积极性。采取入股分红，民管、民用的原则。	1. 全村210户农户中至少有20%农户自愿入股发展产业基金，参股农户入股最低500元。 2. 参股农户优先发放小额基金贷款，低于同期银行贷款利率；没有参股的农户按银行同期利率计息，具体管理办法以农户讨论办法制定执行。具体管理实施细则见附件"与LY县扶贫办座谈会议记录(100517)"。	1. 村民入股记录。 2. 资金管理和贷款制度和相关办法。 3. 按照封闭管理的模式，由银行代管，村实施组织建账、审核贷款等记录。 4. 中期评估报告。	1. 乐施会资金到位，村民入股达到40户、资金20 000元以上。 2. 村民自治法规不变；政府推动支持资金互助协会的政策不变。 3. 村庄不迁移。 4. 没有发生全国范围、大的金融危机或事件。

137

续表

具体目标	衡量指标	检验方法	假设
活动①:支持村产业的长期发展。 活动②:根据基金动作情况,为农户产生一定比例的分红活动。 活动③:YJB村建立200 000万元的产业发展基金。	* 直接受益210户,780人。 * 乐施会投入资金180 000元,群众自筹资金20 000元。		
产出4:在县城举行一次合作社培训,接着组织以妇女为主管理小区基金和合作社且到运作良好的村庄参观考察。	1. 村级项目实施小组6人参加、乡镇项目人员2人全程参加。 2. 参加人员对培训内容的理解和掌握达到90%以上。 3. 参加人员在参观考察时认真听讲、积极交流,并且产生筹组合作社的热情。 4. 参加人员回到小区后组织其他项目实施小组成员和村民传达培训内容和组织讨论筹组合作社的事宜。	1. 培训出席登记表、照片和报告。 2. 参观考察的照片和报告。 3. 项目退出前筹组合作社的行动。 4. 项目终期评估报告。	1. 村民自治法规不变。 2. 合作社法规不变,国家对农民筹组合作社的政策不变。
活动①:在县城举行一次为期2天的参与式合作社培训。 活动②:到1—2个以妇女为主管理社区基金和合作社且运作良好的村庄参观考察。			

续表

具体目标	衡量指标	检验方法	假设
产出5：项目实施小组成员和互助基金项目管理人员对财务管理流程和要求清楚，所做账册清楚规范。	1. 在小区中举行，项目实施小组成员12人全程参加。 2. 参加成员掌握培训内容95%。 3. 培训完成后，互助资金账册（会计账、出纳账）记载清楚规范，账钱吻合。 4. 互助基金管理人员——主任、会计和出纳对培训内容的掌握达100%。	1. 培训记录和照片。 2. 会计和出纳账。 3. 培训人员的访谈记录。	1. 受培训人员的时间。 2. 乐施会财务人员的时间许可。
活动①：在社区对项目实施小组和互助基金管理人员举行一次由乐施会财务人员进行的财务管理培训。			
目标4：以村组自组项目实施小组和由村民选举产生的监督小组负责项目活动的执行和监督，增强小区村民自我组织的意识和提高小区整体的民主管理能力，小区团结凝聚、持续发展。	1. 村和组的项目实施小组和民主监督小组由全体村民选举产生。 2. 村级项目实施小组和监督小组制定各种包括原材料采购和管理、财务、安全管理、集资投劳、村民监督和项目完成后维护管理等制度。 3. 上述的规章制度都能得到执行。 4. 项目实施小组对村民的集资投劳、砂石备料的收集及任务分配和维护任务分配都能贯彻执行。 5. 各村民小组和村级项目实施小组和监督小组中妇女不少于1/3。	1. 各种规章制度和管理办法。 2. 各种集资、投工投劳记录和报告。 3. 村和组的监督小组监督村民定期维护道路的记录。	1. 村民自治法规不变。 2. 村庄不迁移。

139

续表

具体目标	衡量指标	检验方法	假设
产出1：村组项目实施小组和监督小组能力增强，制度完善，村民监督意识增强，小区整体的民主管理能力提高，小区团结和谐发展。	1. 所涉及的项目活动——修建和维修管护工作均以村民自治组织作为主体，发动全体村民参与讨论，并决议执行。 2. 在村民自治组织领导下的项目实施小组和民主监督小组成员开会出席率达85%。 3. 村民自治组织已习惯在今后项目实施过程中，将项目实施小组和民主监督小组作为一个平台，讨论和决策村组内的公共事务。	1. 各项开会通知及记录、会议签到表。 2. 项目实施和民主监督小组参与村内其他公共事务的讨论记录和公示。	1. 村民自治法规不变。 2. 村庄不迁移。
活动①：召集6个村民小组的村民大会和全村大会选举各村民小组和村级项目实施小组、监督小组成员，并公示。 活动②：带领村民讨论各种规章制度和管理办法。 活动③：管理乐施会项目资金和村民集资资金，调动村民投工投劳。 活动④：检查、验收各种项目工程、种养殖（植）活动。 活动⑤：组织村民参加种植养殖技术培训，并验收村民培训效果。 活动⑥：组织村民到县城报名参加劳动技能培训，并验收其培训效果。			

续表

具体目标	衡量指标	检验方法	假设
目标5：在LY县扶贫办与乐施会合作的四个项目村之间经由村实施小组和乡镇领导小组的相互学习和交流，使项目效果具有相互借鉴和倡导意义。	1. 考察和评选团队包括县扶贫办领导小组所有成员和乐施会项目经理、主管项目人员和兰州办另一项目人员。 2. 有明确的评选标准和指标。 3. 各项目村实施小组和监督小组成员出席项目成果讨论会，出席率达90%以上。 4. 各项目村实施小组和监督小组成员出席最佳项目村考察交流活动，出席率达90%以上。 5. 村级实施小组回村召集村民通报交流信息和学习的经验，村民出席率达50%以上。	1. 评选标准和指标：根据项目建设的成效、群众的访谈、领导的评价确定。 2. 项目成果讨论会会议记录、照片和报告。 3. 交流活动记录和照片。 4. 通报会照片。	1. LY县4项目乡镇和村项目相关人员持开放学习态度。 2. 讨论会、交流活动和通报相关人员和村民的时间许可。
产出1：由LY县扶贫办项目领导小组成员和乐施会主管项目人员讨论并评选出项目执行最佳的项目村，组织四个项目村实施小组和监督小组成员至该村考察交流，并相互学习项目做得好的方面，讨论和交流项目有待跟进或改善的方面，并回村后通报村民。	1. 有明确的评选标准和指标。 2. 各项目村实施小组和监督小组成员出席项目成果讨论会出席率达90%以上。 3. 各项目村实施小组和监督小组成员出席最佳项目村考察交流活动出席率达90%以上。 4. 村级实施小组回村召集村民通报交流信息和学习的经验，村民出席率达50%以上。	1. 评选标准和指标。 2. 项目成果讨论会会议记录、照片和报告。 3. 交流活动记录和照片。 4. 通报会照片。	1. LY县4项目乡镇和村项目相关人员持开放学习态度。 2. 讨论会、交流活动和通报相关人员和村民的时间许可。

续表

具体目标	衡量指标	检验方法	假设
活动①:LY县扶贫办项目领导小组成员和乐施会主管项目官员到实施项目的四个项目村进行实地考察,讨论后并决定评选出一个最佳项目村。 活动②:组织四个项目村实施小组和监督小组成员在县城召开一次项目成果讨论会。 活动③:组织四个项目村实施小组和监督小组成员至最佳村考察交流,并相互学习项目做得好的方面,讨论和交流项目有待跟进或改善的方面。 活动④:村级实施小组回村召集村民通报交流信息和学习的经验。			

续表

具体目标	衡量指标	检验方法	假设
产出2：项目实施小组成员和互助基金项目管理人员对财务管理流程和要求清楚，所做账册清楚规范。	1. 在小区中举行，项目实施小组成员12人全程参加。 2. 参加成员掌握培训内容的95%。 3. 培训完成后，互助资金账册（会计账、出纳账）记载清楚规范，账钱吻合。 4. 互助基金管理人员——主任、会计和出纳对培训内容的掌握达100%。	1. 培训记录和照片。 2. 会计和出纳账。 3. 培训人员的访谈记录。	1. 受培训人员的时间。 2. 乐施会财务人员的时间许可。
活动①：在社区对项目实施小组和互助基金管理人员举行一次由乐施会财务人员进行的财务管理培训。			
目标6：通过对县、乡（镇）和村级健康教育辅导员培训和村级健康教育知识传递的两级培训，发掘小区妇女骨干，提高小区妇女能力，推动妇女参与小区公共事务。	1. 全村5%育龄妇女因参加身体检查而提早发现疾病并予以治疗，减少疾病造成的损失。 2. 全村90%育龄妇女因参加村级健康教育知识传递活动，而了解家庭常见病（妇女、老人、儿童）预防知识和家庭卫生知识，参加传递活动的妇女并有80%将学习到的知识用在家庭成员照顾和家庭管理上。 3. 经由两级健康教育知识培训和传递活动，培养至少7名妇女骨干，并能参与到小区的公共事务中。	1. 村卫生室村民看病记录。 2. 培训记录和照片。 3. 村委会、党委会开会记录。 4. 小区发展互助基金管理档案数据。	1. 县医院健康检查技术到位，乡镇卫生院和村卫生室治疗技术到位。 2. 乐施会资金到位。 3. 村民自治法规不变。 4. 村庄不迁移。

续表

具体目标	衡量指标	检验方法	假设
产出1:全村142位育龄妇女到县城完成健康检查。	1. 158位育龄妇女检查率达95%。 2. 检查的妇女若查出有疾病,疾病的资料跟踪率达80%。	1. 组织妇女到县妇幼保健医院做检查的纪录、照片。 2. 妇女到县医院、乡卫生院或村卫生室看病的记录。	1. 县医院健康体检技术到位。 2. 乡镇卫生院和村卫生室资料技术到位。 3. 乐施会资金到位。 4. 妇女的时间许可。
活动①:与县妇幼保健医院洽谈好在预算标准内的检查项目,重点检查妇女常见病。 活动②:组织全村142位育龄妇女到县妇幼保健医院进行健康检查。 活动③:委托乡镇卫生院和村卫生室对检查出来有疾病的妇女做后续治疗和跟踪。			
产出2:乡镇政府负责计生、卫生和教育的干部和村级妇女代表共10人参加健康教育辅导员参与式培训。	1. 10位参加培训的学员全程参加。 2. 学员对培训内容的掌握程度达90%。 3. 参加的学员对于回到小区开展村级健康教育知识传递活动有信心并有计划。	1. 培训记录和照片。 2. 学员评估培训效果统计表。 3. 终期评估报告。	1. 其他两个项目村(乡镇)时间协调好。 2. 培训师时间许可。 3. 乐施会资金到位。

续表

具体目标	衡量指标	检验方法	假设
活动①:在社区选举7名妇女代表。 活动②:在县城举行一次由三项目村(乡镇)代表参加为期2天的健康教育辅导员参与式培训。			
产出3-7:各村级妇女代表参加完健康教育辅导员参与式培训后,在项目退出前在小区召集妇女举行5次健康教育知识传递活动。	1. 在项目退出前,健康教育辅导员(乡镇和村级共同)在小区召集妇女举行5次健康教育知识传递活动。 2. 全村80%以上的妇女参加过此活动。 3. 参加过此活动的妇女对健康知识的知晓率达50%以上。	1. 培训记录和照片。 2. 学员评估培训效果统计表。 3. 妇女访谈记录。 4. 终期评估报告。	1. 妇女时间许可。 2. 乐施会资金到位。
活动①:村和乡镇健康教育辅导员共同为本村妇女举行5次主题不同的健康教育知识传递活动。			

具体目标	衡量指标	检验方法	假设
产出4-7:各村级妇女代表在项目退出前逐渐参与社区的各种公共事务或参与组织社区活动。	1. 在项目退出前,7名妇女代表至少有一半参与到社区公共事务的管理上,例如,村委会、党委会、社区互助资金管理委员会或其他社区组织。 2. 在项目退出前,社区有由妇女代表召集举行的社区集体活动,例如,文化联欢活动、社区环保清洁活动或健康教育知识大赛等活动。	1. 社区组织工作记录或报告。 2. 社区集体活动的记录、报告或照片。 3. 村民访谈记录。 4. 终期评估报告。	1. 村民自治法规不变。 2. 村庄不迁移。
活动①:鼓励和推动妇女代表争取参与各种公共事务的活动。 活动②:鼓励和推动妇女代表带头组织各种社区集体活动。			

项目主要内容、活动和时间表

1. 主要工作手法及活动详情

1.1 本项目属乐施会与国务院扶贫办合作之"开展汶川地震灾区贫困村恢复重建试点项目框架协议"第一批项目村之一,项目由SX省扶贫办指导,具体工作由LY县扶贫办负责执行,XKY镇政府配合。根据参与式扶贫的原则,为了充分体现项目小区农户的意愿,充分调动群众参与项目建设的热情,县扶贫办在充分听取和尊重群众意愿的基础上,乐施会项目经理和人员参与下,共同选取项目活动,并由项目村6个村民小组群众公开选举组项目实施和监督成员,并组成村级项目实施小组和监督小组。前者具体负责项目活动的实施;后者负责代表村民监督项目实施的进度、质量和财务状况,并定期公示和向村民通报。

1.2 本项目活动包括YJB至ZJS0.5公里的水泥硬化主户路,ZJS、BJH组1村2组的供水;发展产业有养猪、种植魔芋以及产业基金等。经县扶贫办、镇政府组织村民讨论决定,主户路项目提供资金,村民完成部分配套资金,集中采购材料物资,由村民投工投劳完成。这四个项目由 LY 县 LQ 公司、水工队(水电局的下设单位)设计,具有资质的公司负责监理,经公开招标方式由施工队建设,LY 县 LQ 公司、水工队、县扶贫办、镇政府和村级实施小组和监督小组共同进行验收,由具有资质公司开具正式验收合格文件。

1.3 本项目中之发展产业(种植养殖支持)和劳动力转移技能培训等活动,由村级实施小组组织全部村民讨论并确定项目户,公示无异议后实施。期间,实施小组进行 3 次查核、对种植养殖户各组织 3 次培训等工作,以期到项目退出时达到预期效果。

1.4 在 LY 县 4 个项目村评选实施最佳项目村由 LY 县扶贫办组织、乐施会项目经理和项目人员参与讨论评选标准并进行评选,LY 县扶贫办组织召开 4 个项目村项目成果交流会和到最佳项目村考察交流学习活动。

1.5 藉由鼓励村民以户为单位,每户至少入股 500 元加入小区发展互助基金,村民至少入股共 20 000 元,加上项目支持的 180 000 元资金,组成至少 200 000 元的小区互助基金,发展互助基金才会正式启动。在小区由村民选举出来的管理人员自行管理,以小额贷款的方式运作,提供小区村民发展生产的垫本资金,以推动小区产业的发展,提高农户的经济收入。

1.6 组织小区村民代表参与一次合作社培训并外出参观考察一次,结合对农户种植养殖的支持、农业技术培训和小区发展互助基金提供发展产业的垫本资金,期望在项目退出前能推动本小区成立至少一个农民专业合作社,并能良性运作,为村民服务。

1.7 为小区全部育龄妇女提供一次免费健康检查,为乡镇和村级妇女代表提供一次健康教育辅导员参与式培训,推动辅导员在小区至少举行 5 次村级健康知识传递活动,以增强小区妇女体质,提高妇女的健康和卫生意(知)识,并发掘培养妇女骨干,推动妇女争取参与小区公共事务,组织全村各类集体活动,增强妇女的能力和自信心。

2. 小基建活动的投标程序、要求等资料

2.1 YJB 至 ZJS0.5 公里水泥硬化村组道路,预算复核总金额 291 136.4 元;ZJS、BJH 组 1 村 2 组的供水,预算复核总金额 254 700 元。LY 县扶贫办采用公开招标方式进行工程招标,至少需要 3 家工程队来参加公开招标。

项目活动和时间表:

具体目标	活动	时间	参与人员
目标1:新修村组道路,以解决社区村民行路难的问题。	活动①:YJB 至 ZJS 水泥硬化0.5公里。	2010年7月	县扶贫办领导小组; 镇项目领导小组; 村级实施小组和监督小组; 89户农户。
			县扶贫办领导小组; 镇项目领导小组; LY县LQ公司技术人员; 村级实施小组和监督小组; 56户农户。
目标2:饮水工程——1村2组供水,已解决村民吃水难问题。	活动①:ZJS、BJH1村2组用水。	2010年7月	县扶贫办领导小组; 镇项目领导小组; 村级实施小组和监督小组; 89户农户。
目标3与目标4:通过支持发展扶持养殖户至少315户(扣除五保户1户),扶持发展养猪户81户,生猪315头;种植魔芋146 100斤,建立22万元的产业发展基金和实用技术培训等能力建设活动,以发展村民生产条件及提高村民经济收入。YJB村6个村民小组用20万元项目资金来发展增收产业,并制定小额贷款互助基金协会入股分红制。	活动①:养猪户81户,生猪315头。 活动②:魔芋种植户175户,种植魔芋75 000斤。 活动③:支持村产业的长期发展。 活动④:根据基金运作情况,为农户带来一定比例的分红。 活动⑤:全村210户农户中至少有20%农户自愿入股发展产业基金,参股农户入股金最低500元。 活动⑥:参股农户优先发放小额基金贷款,利率低于同期银行贷款利率;没有参股的农户按银行同期利率计息,发放小额基金贷款,具体管理办法以农户讨论办法制定执行。 活动⑦:在社区对项目实施小组和互助基金管理人员举行一次由乐施会财务人员进行的财务管理培训。 活动⑧:讨论并制定小区互助基金的管理、运作制度和办法并公布。	2010年7月后	县扶贫办领导小组; 镇项目领导小组; 村级实施小组和监督小组; 80户农户; 培训讲师; 项目实施小组和互助基金管理人员。

续表

具体目标	活动	时间	参与人员
目标5:通过对县、乡(镇)和村级健康教育辅导员培训和村级健康教育知识传递的两级培训,发掘小区妇女骨干,提高小区妇女能力,推动妇女参与小区公共事务。	活动①:与县妇幼保健医院洽谈在预算标准内的检查项目,重点检查妇女常见病。 活动②:组织全村158位育龄妇女到县妇幼保健医院进行健康检查。 活动③:委由乡镇卫生院和村卫生室对检查出有疾病的妇女做后续治疗和跟踪。	2010年8月	村项目实施小组;镇项目领导小组;县扶贫办领导小组;县妇幼保健医院;142位育龄妇女。
	活动①:在小区选举7名妇女代表。 活动②:在县城举行一次由3项目村(乡镇)代表参加为期2天的健康教育辅导员参与式培训。	2010年8月	培训讲师;3项目村(乡镇)代表;县扶贫办领导小组。
	活动①:村和乡镇健康教育辅导员共同为本村妇女举行5次主题不同的健康教育知识传递活动。	2010年8月~2011年4月	村和乡镇健康教育辅导员;全村妇女。
	活动①:鼓励和推动妇女代表争取参与各种公共事务的活动。 活动②:鼓励和推动妇女代表带头组织各种小区集体活动。	2010年8月~2011年4月	妇女代表和骨干;全体村民。

续表

具体目标	活动	时间	参与人员
目标6：在LY县扶贫办与乐施会合作的四个项目村之间经由村实施小组和乡镇领导小组的相互学习和交流，使项目效果具有相互借鉴和倡导意义。	活动①：LY县扶贫办项目领导小组成员和乐施会主管项目人员到实施项目的四个项目村进行实地考察，讨论后并决定评选出一个最佳项目村。	2010年10月	县扶贫办领导小组；镇项目领导小组；村级实施小组和监督小组；乐施会项目经理和人员。
	活动②：组织四个项目村实施小组和监督小组成员在县城召开一次项目成果讨论会。	2010年11月	
	活动③：组织四项目村实施小组和监督小组成员到最佳村考察交流，并相互学习项目做得好的方面，讨论和交流项目有待跟进或改善的方面。	2010年11月	
	活动④：村级实施小组回村召集村民通报交流信息和学习的经验。项目终期评估活动。		
	活动⑤：召集6个村民小组的村民大会和全村大会选举各村民小组和村级项目实施小组、监督小组成员并公示。	2010年11月底	
	活动⑥：带领村民讨论各种规章制度和管理办法。		
	活动⑦：管理乐施会项目资金和村民集资资金，调动村民投工投劳。		
	活动⑧：检查、验收各种项目工程、种植养殖活动。		
	活动⑨：组织村民参加种植养殖技术培训，并验收村民培训效果。		
	活动⑩：组织村民到县城报名参加劳动技能培训并验收其培训效果。		
终期评估		2011年4月	县扶贫办；乐施会；实施小组；技术专家；村民。

项目对社会性别关系的影响

本项目在需求评估、活动选取和执行过程中充分考虑了妇女的意见及项目对妇女发展的影响,并在实施过程中关注妇女并致力于增加妇女参与公共事务和发展的机会,具体表现在以下四方面:

(1) 由 6 个村民小组选举产生的村级项目实施小组和监督小组,充分尊重妇女的意见,并规定妇女在此二小组中占有一定比例。

(2) YJB 村由于男劳力在一年中大多数时间在外打工,因此每年农作物生产主要依靠妇女,而主户路、入户路和庭院硬化有助于减轻妇女劳动强度,并且节约农资品运入和农产品运出的时间和成本。

(3) 在本村支持大部分农户养猪,发展魔芋种植成为特色产业,不但有助于本村大部分农户家庭经济收入增加,更由于本村农业劳动力女性化,大部分农户家庭养殖工作为女性的主要工作,也将成为女性主要的经济收入来源,增加女性可以自主支配的经济收入,将大大提高女性在家庭和社区中的地位和发言权。

项目对相关机构、群体发展的影响

本项目在实施过程中将与 YJB 村全体村民、XKY 镇政府和 LY 县扶贫办等组织或群体都发生联系,并对他们产生不同程度的影响:

(1) 对 YJB 村全体村民和农户:他们是项目实施的受益群体,也是项目实施的主体,项目实施将改善村民在行路、人居环境、生产条件、产业发展和增加经济收入等方面产生影响。项目将提高全体村民的生活条件和经济收入,在项目实施的过程中,经由村民选举出来的项目实施小组召集组织村民讨论、集资和投工投劳等活动,提高村实施小组的管理执行能力,也促进村民参与小区公共事务的意识和行动,推动农村村风文明和管理民主的进程。

(2) 对 XKY 镇政府:是本项目实施的重要合作伙伴,经由项目的实施将有助于镇政府领导了解参与式扶贫的理念和工作手法,并运用到以后的政府工作中。同时,项目的实施有助于加强民间组织与基层政府之间的相互了解、沟通和信任。

(3) 对 LY 县扶贫办:LY 县扶贫办是全县扶贫开发工作的主管部门,也是本项目的主要管理者和执行者。通过本项目的实施将有助于提升县扶贫办的项目执行能力,积累贫困地区灾后重建工作经验和与民间组织合作的经验,体现和实践参与式扶贫的原则,促进其更好地管理和服务于全县的扶贫开发工作。

项目/财务管理

1. 管理团队：

1.1 资助方(乐施会)：在本项目中乐施会为资助方。负责对LY县扶贫办提交的项目计划进行审核，审批合格后为项目活动提供相应的资金支持，负责监督项目实施进度和效果，并对资金的使用进行监督和审计。

1.2 LY县扶贫办公室：在本项目中LY县扶贫办为项目执行方。负责项目的具体策划与设计，完成项目计划书；按照项目计划书具体落实各项活动，确保项目目标的实现；协调各利益相关方的关系，确保项目顺利进行；接受资助方、项目社区群众及其他相关利益群体的监督；按时向资助方递交项目报告等。

1.3 XKY镇政府：是本项目在当地的重要合作伙伴。负责落实政府对本项目的配套承诺的实现；协助项目执行方开展相关活动，协调相关关系；监督项目内容，评估项目效果等。

1.4 YJB村村委会：是本项目在社区层面最重要的合作伙伴。负责动员社区各种资源与群众参与；协调项目执行方在社区层面的具体活动；负责监督项目执行方和社区组织的项目运行及影响等。

1.5 村级项目实施小组、监督小组与全体村民：他们是本项目的目标群体，也是项目的主体。村级项目实施小组负责项目活动在社区层面的具体实施，直接参与项目/工程活动的管理与监督；各农户将计划付诸于具体的行动，并投工投劳参与项目工程建设和产业发展活动中。

2. 资金管理制度：

2.1 本项目资金管理将按照《乐施会财务制度》及双方签署的协议书有关规定严格执行。

2.2 由目标群体运作的资金将在项目启动后，由项目实施小组在不违背上述制度的前提下，制定详细的社区资金管理制度进行管理，以确保资金使用的有效和安全。

合作伙伴/项目人员

LY县扶贫开发办公室。成立"LY县扶贫综合开办乐施会援建项目领导小组"，其成员和具体职责如下：

姓名	职务	项目职责	主要工作
GCQ	扶贫办主任	组长	具体负责项目建设的协调与管理。
TLQ	扶贫办纪检组长	副组长	具体负责四个援建村的建设项目质量检查和督促实施。

续表

姓名	职务	项目职责	主要工作
KL	干部	成员	具体负责相关事务和与援建方有关事宜的联络。
HHY	干部	成员	具体负责援建资金的管理、核销等事务。
WBJ	干部	成员	具体负责项目的实施工作。

XKY镇政府。成立"XKY镇YJB村乐施会项目组织协调小组",其成员和具体职责如下:

姓名	职务	项目职责	主要工作
YLH	党委书记	组长	负责乐施会项目协调。
LFC	镇政府副镇长	副组长	负责乐施会项目组织实施具体指导。
CXL	乡扶贫办	成员	负责乐施会项目资金管理、拨付、兑现。

YJB村。成立"YJB村乐施会项目实施小组和监督小组",其成员和具体职责如下:

实施小组:

姓名	职务	项目职责	主要工作
WHZ	YJB村民主任	组长	负责全部项目组织协调。
CCX	YJB村第一村民小组代表	成员	负责村组道路的实施。
YXQ	YJB村第二村民小组代表	成员	负责1村两片的供水及环境整治。
WWH	YJB村第三村民小组代表	成员	负责产业发展。
WWQ	YJB村文书	成员	负责技能、能力培训。

监督小组:

姓名	职务	项目职责	主要工作
HCZ	YJB村支部书记	组长	监督活动进展、财务状况、施工质量和安全等。
WZZ	YJB村民监督委员会主任	成员	监督活动进展、财务状况、施工质量和安全等。
CJZ	YJB村党员代表	成员	监督活动进展、财务状况、施工质量和安全等。

监督评估

1. 项目监督:

本项目涉及多个利益群体,各利益群体之间互为主体,相互监督,具体表现在以下几个层面：

1.1 资助方对 LY 县扶贫办项目进展与效果进行监督。资助方通过 LY 县扶贫办递交的项目进度报告或实际参与项目，了解项目的进展与效果，并特别对项目资金的使用进行监督。当发现项目运行或资金使用与计划书所设定内容有较大出入时，可以依据协议书所列条款进行协调或处理。

1.2 LY 县扶贫办对项目实施小组进行协助和监督。监督将侧重于项目运行、资金使用、计划实施、工程质量等方面。若出现问题，应及时协调解决或根据实际情况对项目计划做出调整。

1.3 镇村干部对项目实施过程情况进行监督，着重监督项目实施时保证质量、项目运行中存在的问题及协调等内容。

1.4 项目目标群体的监督。本项目的目标群体能够对项目活动的必要性、可行性和有效性进行监督。若发现某些活动设计不合理或违背了村民的利益，可以向项目执行方提出质疑或建议。目标群体重点监督社区组织的运行，要求信息公开，以避免脱离群众甚至损害群众利益的事情发生。

2. 项目监测与评估：

本项目将采取多方评估的方法，对项目效果进行评估，具体体现在以下几个方面：

2.1 项目实施日常评估。项目执行方在项目活动具体开展过程中，将不断根据项目进展进行评估和总结，如在人畜饮水工程竣工之后进行质量验收等。

2.2 为了确保项目评估可行和有效，项目在实施中将不断收集和整理农户及社区层面的相关数据，为项目后期分析与评估提供参照依据。

2.3 终期评估。项目将实施终期评估，评估主体为资助方、执行方、目标群体、技术专家、地方政府和其他相关群体，评估方法以参与式评估为主，包括与村民访谈、项目工程考察、数据查看与数据对比等方式。在评估后将形成项目的评估报告，递交资助方，并将相关信息回馈给当地合作伙伴和目标群体。

3. 项目监测的重点：

3.1 工程设计的合理性；工程质量；村民在工程建设过程中的参与性和组织能力；妇女参与的积极性；妇女组织意见的采纳。

3.2 资金管理的安全性。

3.3 项目目标和活动对应指标的监测与达成。

详细预算

1. 乐施会投入项目资金预算总表(币值单位:人民币元)

项目内容	项目资金（元）	活动代码
由合作伙伴管理的预算 元		
基础建设及购置固定资产	434 010	
非基础建设及其他支出	580 920	
合作伙伴管理的预算总和	1 014 930	
由乐施会直接管理的预算		
基础建设及购置固定资产	2 700	
非基础建设及其他支出		
乐施会直接管理的预算总和	2 700	
项目预算总计：	1 017 630	
（折合港币）		

2. 项目投入预算明细(按"项目预算总表"的分类,列明各项活动的明细)

活动	预算明细		预算总投入（元）	投入者			备注
	名称	单价×数量		乐施会	政府配套	农户自筹投工投料折合	
一、新修村组道路和1村两片用水	1. 水泥硬化村组路						*经预算复核后总金额超过30万元采用公开招标方式,由工程队实施。 *预算复核报告和汇总表请见附件。
	YJB至ZJS	0.5公里	265 465.85	200 000	53 215.64	12 250.21	
	小计		265 465.85	200 000	53 215.64	12 250.21	

续表

活动	预算明细		预算总投入（元）	投入者			备注
	名称	单价×数量		乐施会	政府配套	农户自筹投工投料折合	
	2. 项目分1村2组两片用水						
	ZJS组		153 422.32	141 694.82	0	11 727.5	＊预算复核报告和汇总表请见附件。
	BJH组		64 549.31	58 305.18	0	6 244.13	
	小计		217 971.63	200 000	0	17 971.63	
	3. 其他费用						
	勘察设计费		15 148.1	15 148.1	0	0	由LY县LQ公司负责设计。
	工程监理费		9 698.81	9 698.81	0	0	由具有相关资质公司负责监理。
	招标代理费		4 800	4 800	0	0	
	工程质量监督费		762.9	762.9			
	水质化验费		3 600	3 600			
	小计		34 009.81	34 009.81	0	0	
	合计		517 447.29	434 009.81	53 215.64	30 221.84	
二、发展产业及提高村民经济收入	1. 发展生猪养殖户81户，养殖生猪315头						
	购买种猪	315头×400元/头	126 000	100 800	0	25 200	
	交通费	100元/往返（村到县城来回）＋50元/人趟×2趟×4人（LY到购买地来回）＋15元/趟×2趟（县内交通）	530	530	0		
	餐费	35元/人×4人	140	140	0	0	
	小计		126 670	101 470	0	25 200	
	2. 优质魔芋种植户175户，种植魔芋75 000斤						

续表

活动	预算明细		预算总投入（元）	投入者			备注
	名称	单价×数量		乐施会	政府配套	农户自筹投工投料折合	
	购置优质魔芋种子	3.8元/斤×75 000斤	285 000	228 000		57 000	LY扶贫办、镇政府和村实施小组代表4人到HZ购买魔芋种子，购买前提供至少3家报价。
	交通费	100元/往返（村到县城来回）＋50元/人趟×2趟×4人（LY到HZ来回）＋20元/趟×2趟（HZ市内交通）	540	540	0	0	
	餐费	35元/人×4人	140	140	0	0	
	小计		285 680	228 680	0	57 000	
3.种植养殖技术培训							
	讲师劳务费	50元/人天×3天/次×6次	900	900	0	0	6次培训讲师均由LY县城乡发展促进会（县扶贫办世行办公室同一套人马）技术人员担任。
	讲师交通费	100元/天×3天/次×6次（由县城租车到村子）	1 800	1 800	0	0	
	讲师餐费	35元/人天×3天/次×6次	630	630	0	0	
	小计		3 330	3 330	0	0	
4.小额贷款互助基金协会							
	建立互助基金协会	全村210户870人受益，有20%户农户参加小额基金贷款	200 000	180 000		20 000	
	小计		200 000	180 000		20 000	
5. 基金管理培训 财务管理培训在小区中举行，由乐施会审计师担任讲师，对小区发展互助基金管理人员进行手把手培训，因此只需提供被培训者一顿午餐即可。							

续表

活动	预算明细		预算总投入（元）	投入者			备注
	名称	单价×数量		乐施会	政府配套	农户自筹投工投料折合	
	学员午餐费	10元/人天×12人×2天	240	240	0	0	
	教材费	5元/人×12人	60	60	0	0	
	小计		300	300	53 215.64	132 421.81	

6. 合作社培训
在县城举办,费用由 RJB、YJB 和 JZJ 三项目平均分摊。
拟由已有一套完整教材和培训经验的"SX 妇女科技服务中心"的老师担任培训师,培训后立即出发外出参观考察。
参加人数共为35人,包括 RJB 村6人、YJB 村6人、TJB 村7人、WLD 村7人,三个乡镇各2人和县扶贫办3人。

活动	预算明细		预算总投入（元）	乐施会	政府配套	农户自筹投工投料折合	备注
	会议室租用费	1 300元/间天×3天/次	3 900	3 900	0	0	
	学员交通费	50元/往返×32人	1 600	1 600	0	0	乡镇2人和村实施小组、监督小组成员6人（其中至少要有3位妇女）
	学员餐费	60元/人天×32人×4天	7 680	7 680	0	0	
	学员住宿费	70元/人天×32人×3天	6 720	6 720	0	0	
	文具费	10元/人×32人	320	320	0	0	
	点心费	6元/人天×32人×3天	576	576	0	0	
	工作人员餐费	60元/人天×3人×3天	540	540	0	0	县扶办工作人员3人。
	工作人员住宿费	70元/人天×3人×3天	630	630	0	0	
	讲师交通费	130元/人趟×2趟×1人	260	260	0	0	从YL到LY硬卧火车票为100元,再加上出租车费。

续表

活动	预算明细		预算总投入（元）	投入者			备注
	名称	单价×数量		乐施会	政府配套	农户自筹投工投料折合	
	讲师餐费	60元/人天×1人×5天	300	300	0	0	拟邀请SX妇女科技服务中心DH或YM老师担任。培训主体时间3天，来回交通2天，2天准备，1天写培训总结报告。
	讲师住宿费	140元/间天×1间×4天	560	560	0	0	
	讲师劳务费	450元/人天×1人×8天	3 600	3 600	0	0	
	小计		26 686	26 686	0	0	
7. 外出参观考察 拟到由妇女管理小额贷款和推动合作社颇有成效的NS县XP村和ZY村参观考察，费用由RJB、YJB和JZJ三项目平均分摊。							
	交通费	1500元/辆天×3辆×3天	13 500	13 500	0	0	租用3辆中巴车辆。
	餐费	60元/人天×3天×37人	6 660	6 660	0	0	参与者35人，加上2位司机，并预留一间，男女性别为奇数。
	住宿费	120元/间天×2天×20间	4 800	4 800	0	0	
	考察接待费	500元/天×2天×2处	2 000	2 000	0	0	支付去参观的村庄小区组织或合作社负责接待的工作人员劳务费或是购买礼物费用。

续表

活动	预算明细		预算总投入（元）	投入者			备注
	名称	单价×数量		乐施会	政府配套	农户自筹投工投料折合	
	小计		26 960	26 960	0	0	
	(小计6+小计7)÷3		17 882	17 882	0	0	
	第一、二大项合计		1 151 309.29	965 671.81	53 215.64	132 421.84	
三、妇女病普查和健康教育培训	1. 妇女常见病普查 拟安排到县妇幼保健医院进行检查。						
	检查费用	140元/人×158人	22 120	22 120	0	0	从XKY镇计生部门获知全村20~49岁育龄妇女共有158人。经参考Z县GS村妇女妇科病检查和乐施会LZ办员工每年体检项目，采取(血、尿)常规化验检查、腹部B超和妇科检查三大类为主，约为140元。
	交通费用	30元/人×158人	4 740	4 740	0	0	
	小计		26 860	26 860	0	0	
	2. 健康教育辅导员参与式培训 在县城举办，费用由 ZJB、YJB 和 JZJ 三项目平均分摊。						
	会议室租用费	1 300元/间天×3天/次	3 900	3 900	0	0	

续表

活动	预算明细		预算总投入（元）	投入者			备注
	名称	单价×数量		乐施会	政府配套	农户自筹投工投料折合	
	学员交通费	50元/往返×30人	1 500	1 500	0	0	参加者为每一乡镇3~4人（计生、教育专干和卫生院一人），每一村子5~7人（包括村医、妇女主任及村子里有文化较为活跃的妇女），每一乡镇加一个村子共10人，3个项目共培养30位健康教育培训者。
	学员餐费	60元/人天×30人×4天	7 200	7 200	0	0	
	学员住宿费	70元/人天×30人×3天	6 300	6 300	0	0	
	文具费	10元/人×30人	300	300	0	0	
	点心费	6元/人×30人×3天	540	540	0	0	
	讲师交通费	130元/趟×2趟×1人	260	260	0	0	从XA到LY的火车硬卧票。
	工作人员餐费	60元/人天×4人×3天	720	720	0	0	LY县扶贫办和县妇幼保健医院共8人参与。
	工作人员住宿费	70元/人天×4人×3天	840	840	0	0	
	讲师餐费	60元/人天×1人×5天	300	300	0	0	
	讲师住宿费	140元/间天×1间×4天	560	560	0	0	
	讲师劳务费	450元/人天×1人×8天	3 600	3 600	0	0	
	小计		26 020÷3=8 674	8 674	0	0	

续表

活动	预算明细		预算总投入（元）	投入者			备注
	名称	单价×数量		乐施会	政府配套	农户自筹投工投料折合	
四、项目成果讨论与交流	1. 项目成果讨论会						
	会议室租用费	1 300元/天间×1天/次	1 300	1 300			
	餐费	60元/人×24人	1 440	1 440	0	0	县扶贫办4人、各乡镇项目人员2人、各村实施小组成员3人。
	交通费	30元/人往返×2人×4乡镇+50元/人往返×5人×4项目村	1 240	1 240	0	0	
	文具费	10元/人×24人	240	240	0	0	
	住宿费	140元/间天×14间×1天	1 960	1 960			
	小计		6 180	6 180	0	0	24人住12间,预留男女或为单数和1间作为工作间。
	2. 现场交流会 到评选出项目执行最佳的项目村去做现场交流,费用由BQS、YJB、JZJ和ZJB村项目平均分摊。						
	交通费	30元/人往返×2人×4乡镇+50元/人往返×5人×4项目村	1 240	1 240	0	0	
	餐费	25元/人×24人	600	600	0	0	

附录：《乐施会项目建议书》实例

续表

活动	预算明细		预算总投入（元）	投入者			备注
	名称	单价×数量		乐施会	政府配套	农户自筹投工投料折合	
	小计		1 840	1 840	0		
	1、2项费用由4个项目村平摊后小计		2 005	2 005	0	0	
五、LY县扶贫办访点经费	交通费	100元/往返×3天/次×11次	3 300	3 300	0	0	2010年3月～2010年12月间除了2010年3月外,其余9个月平均每个月访点3天。
	餐费	35元/人天×4人×3天/次×11次	4 620	4 620	0	0	每次访点为一名主任或副主任（GCQ、TLQ）、一名主要负责干部(KL)、一名司机。
	通讯费	50元/人/月×2人×12月	1 200	1 200	0	0	
	文具复印费	50元/月×12月	600	600	0	0	
	小计		9 720	9 720	0	0	
	合计		9 720	9 720	0	0	

续表

活动	预算明细		预算总投入（元）	投入者			备注
	名称	单价×数量		乐施会	政府配套	农户自筹投工投料折合	
六、由乐施会管理的预算	预算复核费		2 700	2 700	0	0	按饮水和道路两个工程复核
七、不可预见费			2 000	2 000	0	0	
总计＝合计一至合计五			1 203 267.29 ≈1 203 267	1 017 629.81 ≈1 017 630	53 215.64	132 421.84	

3. 拨款计划及收款人初步资料

需要完成事项	预算分类	是次拨款所针对的活动	金额（人民币）	备注
第一次拨款：(预计日期：2010 年 7 月)				
各方签署项目协议书	基建及购置固定资产	新修水泥村组道路 0.5 公里	20 000	
		人饮工程	20 000	
	非基建及非购置固定资产	设计费	15 148	
		购置魔芋种子	128 000	
		购买费用	1 350	
		扶贫办访点费用	2 500	
		水质化验费	3 600	
		招标代理费	4 800	
		购置生猪	60 000	
		基金管理培训	300	
		小额互助资金	40 000	
		妇女健康检查	26 860	
		金额总和	322 558	
第二次拨款：(预计日期：2010 年 8 月)				

续表

需要完成事项	预算分类	是次拨款所针对的活动	金额（人民币）	备注
提交招标文件、工作、财务报告和培训报告及得到乐施会接纳	基建及购置固定资产	新修水泥村组道路0.5公里	60 000	
		人饮工程	60 000	
	非基建及非购置固定资产	购置生猪	40 800	
		购置魔芋	100 000	
		种植养殖培训	1 000	
		扶贫办访点费用	2 500	
		健康教育辅导员参与式培训	8 674	
		小额互助资金	50 000	
		金额总和	322 974	
第三次拨款：(预计日期：2010年10月)				
提交工作、财务报告及得到乐施会接纳	基建及购置固定资产	新修水泥村组道路0.5公里	70 000	
		人饮工程	70 000	
	非基建及非购置固定资产	种植养殖培训	1 000	
		扶贫办访点费用	3 000	
		合作社培训,外出考察	17 882	
		小额互助资金	50 000	
		金额总和	211 882	
第四次拨款：(预计日期：2010年12月)				
提交工作、财务报告及得到乐施会接纳	基建及购置固定资产	新修水泥村组道路0.5公里	50 000	
		人饮工程	50 000	
	非基建及非购置固定资产	种植养殖培训	1 330	
		扶贫办访点费用	1 720	
		现场交流会、成果讨论会	2 005	
		小额互助资金	40 000	
		金额总和	145 055	
第五次拨款：(预计日期：2011年3月)				
提交工作、财务报告及得到乐施会接纳	基建及购置固定资产		0	
	非基建及非购置固定资产	监理费	9 698	
		不可预见费	2 000	
		质量监督费	763	
		金额总和	12 461	

续表

需要完成事项	预算分类	是次拨款所针对的活动	金额（人民币）	备注
		总数	1 014 930	

收款机构账户或收款人名称：

账号资料	
账户名称	LY县国库支付局
开户银行	SX省LY县农业银行
银行地址	
账户号码	
可接收货币	人民币

拨款时请注明：此款项请转交LY县扶贫办，为"SX省LY县XKY镇YJB村5·12地震灾后重建项目"(项目编号：XXXXXXXX)之项目款。

其他有关信息

1. 列出合作伙伴其他的项目活动和资金的来源(不适用)。

2. 列出合作伙伴目前仍在实施、尚未正式关闭的所有乐施会资助项目清单(不适用)。

项目编号	项目名称	计划开始/结束时间	批准资金	目前状况
CHN-94824-01-0910A-D	SX省LY县XHB乡WZG村5·12地震灾后重建项目	2010年3月～2011年2月	人民币1 009 746元	办理第一次拨款,5月14日即将进行工程招标和项目启动。
CHN-94824-01-1010A-D	SX省LY县XJP镇YMY村灾后重建项目	2010年4月～2011年1月	人民币1 020 100元	办理第一次拨款,5月14日即将进行工程招标和项目启动。

3. 其他附件。

无。

主要参考文献

一、著作

[1] 邓国胜,等.响应汶川:中国救灾机制分析.北京:北京大学出版社,2009.

[2] 郭虹,庄明,等.NGO与汶川地震过度安置研究.北京:北京大学出版社,2009.

[3] 国家统计局.2004中国农村贫困监测报告.北京:中国统计出版社,2004.

[4] 韩俊魁.NGO参与汶川地震紧急救援研究.北京:北京大学出版社,2009.

[5] 黄承伟,陆汉文.汶川地震灾区贫困村重建:进程与挑战.北京:社会科学文献出版社,2011.

[6] 黄承伟,彭善朴.《汶川地震灾后恢复重建总体规划》实施社会影响评估.北京:社会科学文献出版社,2010.

[7] 黄承伟,向德平.汶川地震灾后贫困村救援与重建政策效果评估研究.北京:社会科学文献出版社,2011.

[8] 黄承伟,赵旭东,等.汶川地震灾区贫困村重建与本土文化保护研究.北京:社会科学文献出版社,2010.

[9] 康晓光.NGO扶贫行为研究.中国经济出版社,2001.

[10] 王子平.灾害社会学.长沙:湖南人民出版社,1998.

[11] 萧延中,谈火生,等.多难兴邦——汶川地震见证中国公民社会的成长.北京:北京大学出版社,2009.

[12] 张强,陆奇斌,张欢.巨灾与NGO——全球视野下的挑战与应对.北京:北京大学出版社,2009.

[13] 张强,余晓敏,等.NGO参与汶川地震灾后重建研究.北京:北京大学出版社,2009.

二、期刊论文

[1] 北京国际城市发展研究院.汶川地震灾后恢复重建借鉴国际经

验的若干建议.领导决策信息,2008(30):4-6.

[2] 道格拉斯.B·鲁赞.卡特里娜飙风对美国救灾的启示.中国减灾,2009(5):14-15.

[3] 邓风玲.浅谈防震减灾管理中非政府组织的作用.国际地震动态,2006(3):24-27.

[4] 郭根.非政府组织参与减灾的思考.城市与减灾,2008(6):8-17.

[5] 郭岚.汶川大地震灾后恢复重建社会援助的路径障碍与对策.济体制改革,2008(5):58-61.

[6] 郭巍青.NGO的三重功能——以地震救援经验为基础的分析.探索与争鸣,2008(7):23-26.

[7] 张霞.台湾地区地震灾后重建经验借鉴.现代人才,2008(4):58-61.

[8] 何忠洲.中国NGO:与政府携手扶贫.中国新闻周刊,2006(1):16-17.

[9] 刘俊浩.农村社区农田水利建设组织动员机制:变迁、绩效及政策涵义.农村经济,2006(6):6-8.

[10] 马国栋.汶川地震后的NGO行为.非盈利组织研究,2009(5):3-6.

[11] 沈黎,刘斌志.台湾9·21灾后重建的经验与启示.社会福利,2008(8):26-28.

[12] 涂光晋,宫贺.公共危机背景下NGO的公共关系与社会责任——以汶川地震与台湾风灾为例.国际新闻界,2009(11):27-32.

[13] 王国敏.农村自然灾害与农村贫困问题研究.经济学家,2005(3):55-61.

[14] 肖建华.公共外交与灾难治理——汶川震灾治理启示.中南林业科技大学学报,2008(5):24-27.

[15] 徐莹.国际非政府组织参与全球治理的合作路径及其对中国的启示——以澳大利亚国际非政府组织在印度洋海啸中的救援行动为案例.宁夏党校学报,2008(4):99-102.

[16] 余劲,陈杰.NGO与政府扶贫项目合作的博弈分析.农村经济,2009(8):15-18.

[17] 张晓.水旱灾害与中国农村贫困.中国农村经济,1999(11):12-18.

三、报纸和网络文章

[1] 李雪婷. 规范透明精细到位——记香港乐施会贵州罗甸县特大洪灾救援活动. 中国妇女报, 2007.

[2] 王强. 乐施会——救助与重建. 商务周刊, 2008.

[3] 陆文波. 以社区为本进行灾害治理——安乐街村的故事. 中国发展简报, 2008.

[4] CBN 记者. NGO 管理能力影响救援效果: 可尝试找个 CEO. 第一财经周刊, 2008.

[5] 郭虹. 地震灾难中彰显出的公民意识. 四川"5·12"民间救助服务中心网站.

[6] 贾西津. 非政府组织对突发性公共危机管理的意义. http://www.chinavallue.net/Blog/BlogThread.aspx?EntryID=92822.

[7] 张建国. 扶贫办主任范小建赴川指导扶贫系统抗震救灾工作. http://www.cpad.gov.cn/data/2008/0602/article_338004.htm.

[8] 彭顼, 赵倩. 国际合作拓宽灾后重建疆域. http://www.farmer.com.cn/wlb/nmrb/nb7/201006040067.htm.

[9] 乐施会. 香港乐施会将拨款 1 200 万港币回应四川大地震. http://www.oxfam.org.cn/news_s.php?id=103.

[10] 乐施会. 乐施会5·12地震首月、3个月、6个月及周年工作报告. http://www.oxfam.org.cn/userfiles/20090211152634820.doc.

[11] 乐施会. 乐施会简介. http://chinainfo.oxfam.org.hk.

[12] 乐施会. 乐施会灾区重建一周年工作报告. http://www.oxfam.org.cn/resources/reports/1_year_on_sc.pdf.

[13] 乐施会. 青海省民政厅与香港乐施会关于救灾应急合作项目框架协议. http://www.oxfam.org.cn/down_s.php?id=83.

[14] 乐施会. 香港乐施会国际/国内灾害管理项目大事记. http://www.oxfam.org.cn/news_s.php?id=255.

[15] 乐施会. 香港乐施会中国部——四川省和甘肃省汶川地震灾后重建策略规划. http://www.oxfam.org.cn/news_s.php?id=115.

四、其他资料

[1] 国务院办公厅. 国家"十一五"减灾规划, 2007.

[2] 民政部救灾救济司、民政部国家减灾中心. 我国救灾管理体制的历史变革与发展趋势, 2007.

[3] 国务院扶贫办贫困村灾后恢复重建规划工作组. 汶川地震贫困

村灾后恢复重建总体规划,2008.

[4] 国务院抗震救灾总指挥部灾后重建规划组.汶川地震灾后恢复重建总体规划,2008.

[5] 世界银行.农村贫困社区开发项目参与式手册,2005.

[6] 四川省扶贫办.四川省扶贫办贫困村灾后恢复重建第二、三批试点村项目进度报告,2009.

[7] 巴中市南江县扶贫办.灾后恢复重建项目操作流程,2009.

[8] 广元市朝天区扶贫办.广元市朝天区 WA 乡 CHW 村情况简介,2009.

[9] 阆中市扶贫办.阆中市 2009 年贫困村灾后重建试点村竞选评审细致,2009.

[10] 乐施会.香港乐施会中国部项目申请指引及项目管理概述,2007.

[11] 乐施会.灾害管理理论与实践简介——乐施会昆明办公室年会培训分享会,2009.

[12] 乐施会成都办.香港乐施会小型基础设施建设项目管理办法,2006.

[13] 乐施会成都办.参与式规划步骤和工具,2009.

[14] 乐施会成都办.乐施会5·12地震紧急救援及重建项目概述,2009.

[15] 乐施会成都办.乐施会项目财务管理办法,2009.

[16] 乐施会成都办.乐施会项目管理分享,2009.

[17] 乐施会成都办.项目进度报告内容指引,2009.

后　记

　　新世纪以来,自然灾害应急救援和灾后重建效果成为影响中国减贫进程和经济社会发展的重要因素,成为各级政府和全社会越来越重要的议程。NGO一直致力于在政府和市场难以全面顾及的领域发挥作用,积累了自然灾害应急救援和灾后重建的丰富经验,形成了有效行动能力。但这方面经验的总结和行动方案或模式的介绍却明显不足,妨碍了全社会对灾害应对能力的提升。本书拟以乐施会参与汶川地震灾区贫困村重建为例,对该机构在长期实践中形成的灾后重建推进能力和工作经验进行细致阐述,作为相关系列研究的一个开端。

　　本书由多人共同完成,各章撰稿人为:

　　导　言:沈洋、岳要鹏;

　　第一章:何良;

　　第二章:何良、沈洋;

　　第三章:沈洋;

　　第四章:沈洋、陆汉文;

　　第五章:沈洋、岳要鹏;

　　结　语:陆汉文、沈洋。

　　全书由陆汉文和沈洋统稿。

　　本书重在对乐施会参与汶川地震灾区贫困村重建的过程进行深入描述,为政府和其他NGO提高灾害应对能力提供参考和借鉴,也为后续研究(不同NGO的比较研究、经验基础上的理论研究等)积累个案资料。

　　本书相关调查研究工作中,时任中国国际扶贫中心副主任、国务院扶贫办贫困村灾后恢复重建工作办公室副主任,现任国务院扶贫办全国贫困地区干部培训中心主任黄承伟研究员提供了大量指导,特别是就形成研究框架和确定研究重点提出了宝贵意见。借付梓出版之机,特向黄承伟研究员致以诚挚谢意!

　　本书出版得到华中师范大学出版社大力支持,在此,谨致以衷心感谢!

　　因作者能力有限,本书仍存在缺陷和不足,请同行专家批评指正。

作　者